Härte setzen und der Film soll deutlich düsterer werden. Das ist einerseits zu begrüßen, wenn man als Fan mit verkrampften Sack an den auf PG-13 getrimmten vierten Teil denkt. Andererseits macht auch eine ordentliche Portion galligen Humor die „Die Hard"-Reihe aus, so dass Einem auch Bange werden könnte, Moore könnte übers Ziel hinaus schießen. Schließlich hat er ja schon mit „Max Payne" bewiesen, dass er, trotz einer großartige Vorlage, einen Film ordentlich in den Sand setzen kann.

Auch bleibt noch abzuwarten, was aus der großen Rede am Ende wird. Man erinnere sich an Bruce Willis, der zu Anfang der Dreharbeiten von „Live free, or die hard" einen R-Rated-Film versprochen hat – der Rest ist Geschichte...

PROMETHEUS WIRD FORTGESETZT

Ridley Scotts Rückkehr ins Alien-Universum ist bei uns gerade erst am 7. August gestartet, war aber in den USA bereits so erfolgreich, dass eine Fortsetzung bereits angekündigt wurde. In die Kinos soll diese 2014 kommen.

Die Review zu ersten Teil des Alien-Prequels findet ihr in unseren Frischfleisch-Reviews.

WRONG TURN GEHT IN DIE 5. RUNDE

Schon im Oktober darf wieder geschlachtet werden! Denn dann erscheint in den USA der inzwischen fünfte Teil der deftig blutigen Reihe um die inzüchtigen Wald-Kannibalen.

Unter dem vielversprechenden Titel „Bloodbath" dürfen sie diesmal die

Partygemeinde eines Raves aufmischen! Da darf man in vielerlei Hinsicht gespannt sein. Einerseits um der wechselhaften Qualität der Filme, Andererseits, wie es mit der Freigabesituation in Deutschland aussehen wird. Schließlich gibt es von den drei Fortsetzungen bis heute keine (offizielle) deutschsprachige Uncut-VÖ. Natürlich werden wir im 3. Filmausweider eine gründliche Review zum Film bringen – sofern nichts dazwischen kommt.

FRISCHFLEISCH REVIEWS

Aktuelles, frisch von unserer Netzhaut gekratzt

THE CABIN IN THE WOODS

DER FILM: Fünf Freunde fahren für ein Wochenende in eine Hütte im Wald, um auszuspannen, zu feiern, zu kiffen und natürlich um zu vögeln.

Leider aber hat eine mysteriöse Geheimorganisation etwas andere Pläne mit der bunt zusammenge-würfelten Gruppe und hetzt den jungen Leuten, alsbald eine Bande unzüchtiger Hinterwäldler-Folter-Zombies auf den Hals. (...alles zum Wohle der Menschheit!)

KRITIK: So, liebe Freunde, Nerds und Freaks aus dem deutschen Sprachraum, wir haben uns hier versammelt um einen großen Mann zu ehren, einen Mann der uns „Buffy" und „Angel", „Firefly", „Serenity" und das „Dollhaus" brachte, und mit „The Avengers" die ultimative Wichs-vorlage für „Marvel"-Comic-Fans auf Film bannte. Joss Whedon!
Wahrlich ein Mann, den wir ausgestoßenen Wunderlinge, die wir in den Kellern unserer Eltern wohnen und dort unsere pompösen Merchandise-Schreine pflegen, wirklich am Herzen liegen. Nun hat er sich den Horrorfans, bzw. dem Horrorgenre gewidmet (tatsächlich bereits 2009, wobei die Pleite von MGM aber eine Veröffentlichung für 3 Jahre verhinderte) und das Ergebnis ist, wie zu erwarten eine Liebeserklärung, die dem Zuschauer das Herz erstrahlen lässt und auf ganzer Linie zu überzeugen weiß. Sozusagen ein „Avengers" für Horrorfans!
OK, tatsächlich wurde das Teil dann doch von Regiedebütant Drew Goddard inszeniert, aber man kann, hier ehrlich sagen, dass 80% der Anerkennung Produzent und Drehbuchautor Whe-don gebühren, dessen Handschrift man von erster bis zur letzten Minute wiedererkennt.

WIE MAN MIT EINEM STRICK UM DEN HALS ONANIERT

Zunächst sei aber gesagt, dass man für die volle Dröhnung diese Horrorvergnügens, möglichst jeder Form von Spoilern aus dem Weg gehen sollte. Daher habe ich mich auch entschlossen,

INHALT:

SLAUGHTERHOUSE NEWS
Neues aus der Blutwirtschafft...

HOBO WITH A SHOOTGUN KOMMT UNCUT

Es passieren doch immer wieder Zeichen und Wunder.

Deutsche Interessenten werden für „Hobo with a Shootgun" diesmal nicht zum Import greifen müssen. Denn nachdem Universum es bei der FSK mit einer unsensierten- und einer zensierten Fassung versucht, und für keine der Fassungen eine Freigabe erhalten hat, ging man den Weg zur Spio/JK und diese gab dem Film die höchstmögliche Freigabe „strafrechtlich unbedenklich", mit welcher der Film am 4. Oktober erscheinen wird. Eine gekürzte Fassung für die Kaufhäuser wird es (vorerst) nicht geben.

_____

STEPHEN KING´S 10´A CLOCK PEOPLE WIRD VERFILMT

Hier können sich sowohl Fans von Stephen King, als auch von John Carpenters „Sie leben", freuen. Denn in Stephen Kings Kurzgeschichte „Die Zehn-Uhr-Menschen", geht es um einen Mann, der wegen rigider Nichtraucher-Regeln gezwungen wird seinen Zigaretten-Verbrauch

auf die Mittagspausen zu beschränken. Dies führt dazu, dass sein Körper einen bestimmten Nikotinpegel erreicht, durch dem er im Stande ist, im Geheimen unter den Menschen lebende, Aliens zu sehen, die in führenden Positionen über die Menschheit herrschen. Aber er ist nicht allein. Zusammen mit anderen 10-Uhr-Menschen (diese Bezeichnung bezeiht sich darauf, dass meist um 10 Uhr die Mittagspause ist, und solche Leute aus den Gebäuden auf die Straßen stürmen) bildet sich ein Wiederstand gegen die Alien Brut. Doch es gibt Verräter in ihrer Mitte.

Verfilmt wird der Sci-Fi-Horror-Thriller von Tom Holland der neben den Kult-Klassikern „Fright Night" und „Chucky – die Mörderpuppe" auch für die soliden King-Verfilmungen „Thinner" und „Langoliers" verantwortlich war.

_____

DIE HARD 5 WIRD HARD!

Na da können wir ja gespannt sein, was letzten Endes bei raus kommt.

Regisseur John Moore („Max Payne") äußerte sich zu der Gangart, die der inzwischen fünfte Teil der „Stirb Langsam"-Reihe einschlagen soll. Und diese soll, statt auf Humor, vor allen Dingen auf diese Review an dieser Stelle auch abzubrechen und statt dessen ein Anleitung zu schreiben, wie man möglichst sicher mit einem Strick um den Hals onaniert.

Zumindest sollte ich dass, denn eigentlich war schon die (schon möglichst knapp formulierte) Inhaltsbeschreibung zu viel.

Daher sei hier gleich nochmal gesagt. Wenn ihr euch nicht den vollen Spaß versauen lassen wollt, springt über zum Fazit, in der Gewissheit, dass „The Cabin in the Woods" ein wirklich grandioser Film ist.

DAS BESSERE TANZ DER TEUFEL REMAKE

Zunächst sei mal gesagt, dass „Cabin in the Woods" aus zwei Handlungssträngen besteht, die praktisch zwei verschiedene Genre darstellen. Zum Einen Horror, zum Anderen Workplace-Comedy.

Und der Horror-Part könnte tatsächlich als besseres „Evil Dead"-Remake (wir sind uns wohl alle einig, dass das richtige Remake nur Scheiße werden kann) durchgehen.

Die (bewusst gesetzten) Parallelen sind nicht von der Hand zu weisen. Davon abgesehen, dass die Hütte selbst schon so aussieht, als hätte Äsh sich dort mal die Pfote abgesägt, verläuft auch die Handlung öfters sehr ähnlich zu Sam Raimis Kult-Klassikers. So gibt es auch hier eine plötzlich auffliegende Bodenluke, auch im Keller wird ein Bannspruch gefunden, der besser unausgesprochen bliebe und auch der einzige Fluchtweg (anstatt einer Brücke, ein Tunnel) wird wie von Geisterhand zerstört („zumindest für die fünf Freunde,). Der einzige große Unterschied ist, dass hier statt angepiss-ter Dämonen, eine Horde untoter Hinterwäldler die Hütte rocken.

Dabei knallt Whedon ein Klischee nach dem anderen raus, nur um es dann sofort auf die Schippe zu nehmen.

Das fängt schon mit den Charakteren an, wir haben einen Sportler, eine gefärbte übergeile Blondine, einen flotten Kiffer, den schüchternen (und wahrlich profilosen) Normalo und eine Jungfrau (wobei diese schon Sex hatte, aber heutzutage muss man nehmen was kriegen kann).

Exemplarisch für die Umkehrung von Klischees ist dann auch gleich die erste Szene mit dem Sportler (Chris „Thor" Hemsworth). Macht er zunächst den Eindruck ein Idiot zu sein, stellt er sich wenige Sekunden darauf als intelligent und sympathisch heraus – wird letzten Endes aber trotzdem dazu verdonnert, nach den Regeln des Horrorfilms, einen Fehler nach dem Anderen zu machen. Denn...

BEHIND THE SECENES

Hier kommt der zweite, parallel verlaufende, Handlungsstrang ins Spiel, der dem Zuschauer Zeigt was quasi hinter den Kulissen des Horrors vor sich geht.

Nicht der Teufel oder Gott, stecken hinter dem Grauen dem sich die fünf Freunde zu stellen haben, sondern eine hochtechnisierte Geheimorganisation, die das ganze Areal um die Hütte herum, in bester „Truman Show"-Manier steuert.

Dabei geht es überraschend locker und spaßig zu, denn auch die NASA-mässig agierenden Miarbeiter sind sehr menschlich und sympathisch geraten.

Seien es die Firmen-interne Wette, welches Grauen denn nun entfesselt wird, das Verarschen des gruseligen Tankwart-Darstellers Mortekai über die Fernsprechanlage, oder die Afterwork-Party, dieser Teil ist eher der Workplace-Comedy, denn dem Horror zuzuschreiben.

Außerdem bekommen wir hier auch massenweise Antworten darauf, wieso typische Horrorfilm-Victims sich immer so blöd anstellen.

Da hätten wir das hochgerüstete Haarfärbemittel, dass die so kreierte Blondine dumm und geil macht / den Pheromon-haltigen Nebel, der zur fröhlichen Fickerei im gruseligen Wald anregt / das Mittel, das den doch eigentlich vernünftigen Helden dazu ermuntert, die Gruppe zu trennen / die nützliche Waffe, die durch einen subtilen Stromstoß fallen gelassen wird / und den einzigen Fluchtweg, der ein mit Sprengstoff präparierter Tunnel ist. Auf all den unlogischen Blödsinn, denn wir faulen Horror-Drehbuch-Schreibern zu verdanken haben, bekommen wir hier plausible Antworten serviert.

HERZLICH ABER NOCH HART

Bei dem Gewitzel, der Ironie und dem Spaß, bleiben Horror, Härten und Spannung aber nicht auf der Strecke. Zwar bewegt sich der Härtegrad (zumindest nach unserer Meinung) noch auf gehobene FSK:ab16-Niveau, doch auch auf eine anständige Portion Splatter muss der verwöhnte Horrorfan hier nicht verzichten. So wird besonders im Finale ein Metzel-Fest vom Feinsten abgefeiert, bei dem nahezu alle

möglichen Vertreter des Horrorfilms (bzw. ähnlich gestaltete Monster, nach dem Vorbild von Kultmonstern, wie Pinhead) ordentlich an der gesamten (und gar nicht mal kleinen) Besetzung austoben dürfen und diese auf ein Minimum reduzieren. Das Ganze läuft dann zwar möglichst wenig selbstzweckhaft von statten, doch am roten Saft und zerfetzten Körpern wird auch nicht gespart.

LIEBENSWÜRDIGKEITEN IN PERSON

Fast schon schade, könnte man sagen. Denn im ganzen Film ist eigentlich kein Richtiger Unsympath auszumachen. Das gilt genauso auf der Opferseite, wie auch bei den vermeidlich Bösen, die mit ihren Schrulligkeit fast sogar noch mehr Sympathiepunkte sammeln.

Nicht zuletzt liegt das an der wirklich tollen Besetzung, deren Gesichter besonders Fans von Whedons Serien, wie „Angel" und „Dollhaus" bekannt sein dürften.

In dem Zusammenhang, als wahrer Nerd-Traum, ist auch wieder die wunderschöne Amy Acker, in ihrer Paraderolle als graue (sexy) Wissenschaftler-Maus, mit dabei. Aber auch Anna Hutchison („Sea Patrol", „Panic at Rock Island") als aufgegeilte künstliche Blondine dürfte bei so manchen Zuschauer einen mehr als harte...äh...positiven Eindruck hinterlassen.

Wo wir schon von den Ladys schwärmen... zum Schluss hin gibt es noch einen ganz besonderen Gastauftritt eine Lady, die wir alle sehr zu schätzen wissen (...,aber hier möchte ich keinem die Überraschung versauen).

Ach ja, die Jungs im Film sind auch klasse. Besonders Frank Kranz („Dollhouse") als, gar nicht mal so blöder, Kiffer ist extrem liebenswürdig und hat so einige Lacher auf seiner Seite, wehrend Chris „Thor" Hemsworth einem nur leidtun kann, dass er dazu verdammt wird, den Regeln des Horrorfilms zu folgen.

FAZIT: Horrorfans aller Welt, verneigt euch vor Joss Whedon und küsst seine ungewaschenen Füße. Ein selbstironisches Horrorvergnügen, das kaum Wünsche offen lässt.

10 von 10 Punkte

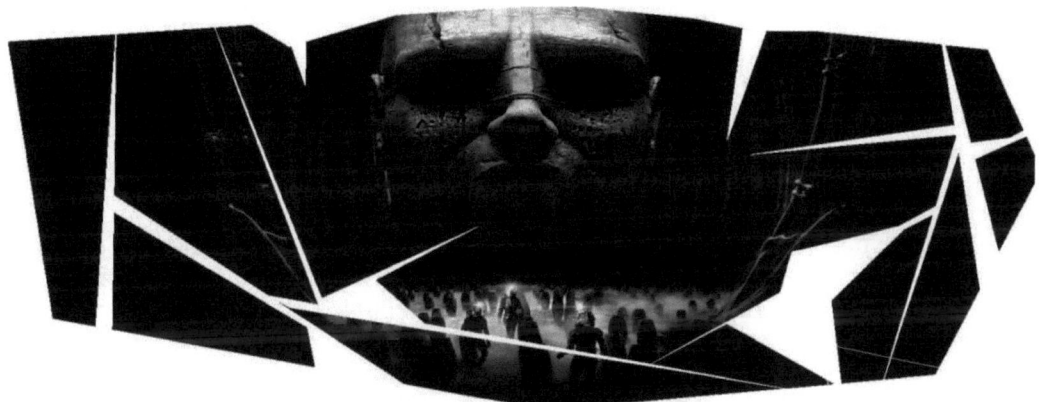

PROMETHEUS

DER FILM: Wo stammen wir her? Wer hat uns erschaffen?

Mit diesen und noch weiteren Fragen macht sich die Crew des Raumschiffs Prometheus, zu der von Weyland-Industries gesponserten Expedition, zum Planeten LV-223 auf.

Unter ihnen auch das Wissenschaftlerpärchen Elizabeth Shaw und Charlie Holloway, die die Koordinaten zu diesem Planeten auf uralten Höhlenmalereien auf der Erde entdeckten.

Schnell werde sie auf dem Planeten auch fündig und entdecken einen gigantischen Höhlenkomplex und Spuren intelligenten Lebens. Und doch ahnen sie nichts von den Gefahren, die gleich von mehreren Seiten auf sie lauern. So erweist sich Android David nicht als so vertrauenswürdig, wie er sollte, der Sinn der Expedition als ein Anderer, als ursprünglich angenommen und die „Konstruktöre" des Lebens auf der Erde, als gar nicht so freundlich, wie erwartet...

KRITK: Die Aufregung war groß, als Ridley Scott verkündete, er wolle einen neuen A-lien-Film drehen. Schließlich war sein „Alien – Das Ding aus einer anderen Welt", der Archetyp des modernen Sci-Fi-Horrors.

Nie zuvor ging es im Weltall so klaustrophobisch, kalt und düster zu.

Nie zuvor war ein Monster so funktionell, gefährlich und bedrohlich, wie das von HR Giger ent-wickelte Alien. Ein Klassiker wurde geboren, der so nebenbei auch mal mit Sigourney Weaver, die erste moderne weibliche Action-Heldin der Geschichte einführte.

Daher braucht sich niemand zu wundern, wenn die Erwartungen in das, vom Meister persönlich verfilmte Werk (passend ausgedrückt) in astronomische Höhen stiegen.

Und wurden diese Erwartungen nun schließlich erfüllt?

Die Antwort lautet, dass so hohe Erwartungen letzten Endes nie erfüllt werden können. Man kann sich immer schon freuen, wenn das Ergebnis zufrieden stellend ist.

Und ich war mehr als zufrieden.

GANZ SCHÖN ALT GEBLIEBEN!

Eine Besonderheit von „Prometheus" die gleich ins Auge sticht ist, dass der Film (vom Einsatz offensichtlicher State-of-the-Art-CGI mal abge-sehen) öfters auch tatsächlich so aussieht, als wäre er vor „Alien" entstanden. Damit ist na-türlich die konstant ruhige Art, die „Prome-theus" an den Tag legt gemeint, aber auch das Set- und Kostümdesign.

Allein die Raumanzüge mit ihren übergroßen Glasglocken auf dem Helm erinnern, an Bilder aus Sci-Fi-Filmen der 50er und 60.

Auch eine Hologramm-Szene in der der greise Weyland Industries Besitzer zur Crew spricht entbehr nicht einer gewissen Portion ange-nehmer Trashigkeit. Wenn Guy Pierce, in pam-piger Maske, vor gemalt wirkenden Kulissen zu Crew spricht, wurde einem Old-School-Jünger wie mir, Angesichts der Schlechtheit dieser Szene, richtig warm ums Herz.

Besonders in dieser Szene habe ich mich zum ersten Mal eher an den cormanischen Klassiker „Planet des Schreckens" erinnert gefühlt, denn mehr an die „Alien"-Filme.

Klar, „Prometheus" ist und bleibt ein ernstzu-nehmbarer, in der Umsetzung auf Perfektion getrimmter Film, der fast gänzlich auf Humor und Ironie verzichtet...

Doch auf der anderen Seite haben wir hier einen Tintenfisch-Monster, einen Space-Zombie, rauchende Crew-Mitglieder, Wissen-schaftler die einen Alienwurm die Hand entge-gen strecken, als wäre es ein Hundewelpe, einen Androiden dem man nicht trauen kann und eine Charlize Theron, die sich von ihrem künstliche Sprössling nur marginal in der Dar-stellung unterscheidet. Klingt das nicht ein wenig trashig?

Ich zumindest, denke bei solchen Schlagwor-ten eher an gemalte Illustrationen alter Sci-Fi-Groschenromane, denn an die „Alien"-Sage, welche man allerdings auch das Predikat Edel-Trash aufdrücken kann- Schließlich geht's hier vornehmlich um Monster im Weltall. Nur ist es eben so, dass man diese Filme, wie auch „Prometheus", im Gegensatz zu gängigen Do-senbier-Filmen, ernst nehmen kann.

So ist die Inszenierung wahrlich Episch. Die gigantischen Kulissen, die Musik, die vorzüglich gewählten Schauspieler... Das ist Kino! Das ist Kino, wie man es heutzutage nur selten gebo-ten bekommt. Denn es ist Kino alter Schule, das zwar der Masse gefallen soll, aber sogleich nicht, bis auf das letzte Fitzelchen, auf den Geschmack der Masse zugeschnitten wurde.

„Prometheus" ist einfach ein guter Film.

MÖCHTEGERN PG-13

Da Scott ohnehin eher auf Atmosphäre setzten und kein Splatter-Fest abliefern wollte, hatte er auch kein großes Problem damit den Drängen des Studios auf eine lukrativeres PG-13-Rating nachzugeben und inszenierte die Gewalt-Szenen seinem Vorstellungen entsprechend passend für diese Freigabe. Doch daraus wurde nichts und der Film bekam von der MPAA die Erwachsenenfreigabe R; mit welcher der Film dann auch schließlich ohne weitere Zensuren in die Kinos kam.

Der Grund dafür dürfte schlicht der sein, dass man zu viel hätte zensieren müssen. Denn obwohl (wie zuletzt u.a. selbst der in der Kinofassung zensierte „Priest" zeigte) durchaus mit einer PG-13-Freigabe noch einige Härten möglich sind, und die grafische Darstellung selbst auch noch zur Freigabe passt, sind die Gewalt und Horrorszenen einfach zu intensiv und verstörend geraten.
Allein die sehr fiese Tintenfisch-Abtreibungs-Szene hätte man komplett herausschnei-

den, oder neu drehen müssen und das ist auch nur die „böseste" Szene. Auch die Verbrennung eines infizierten Crew-Mitglieds bei lebendigem Leibe, und der Amoklauf des eben angesprochenen mutierten Zombies sind nicht von schlechten Eltern. Wer meint bei „Prometheus" seichte Kindergewalt zu erwarten, wird ein paar Überraschungen erleben. Härtetechnisch ist der Film „Alien" zuweilen ein ganzes Stück überlegen.

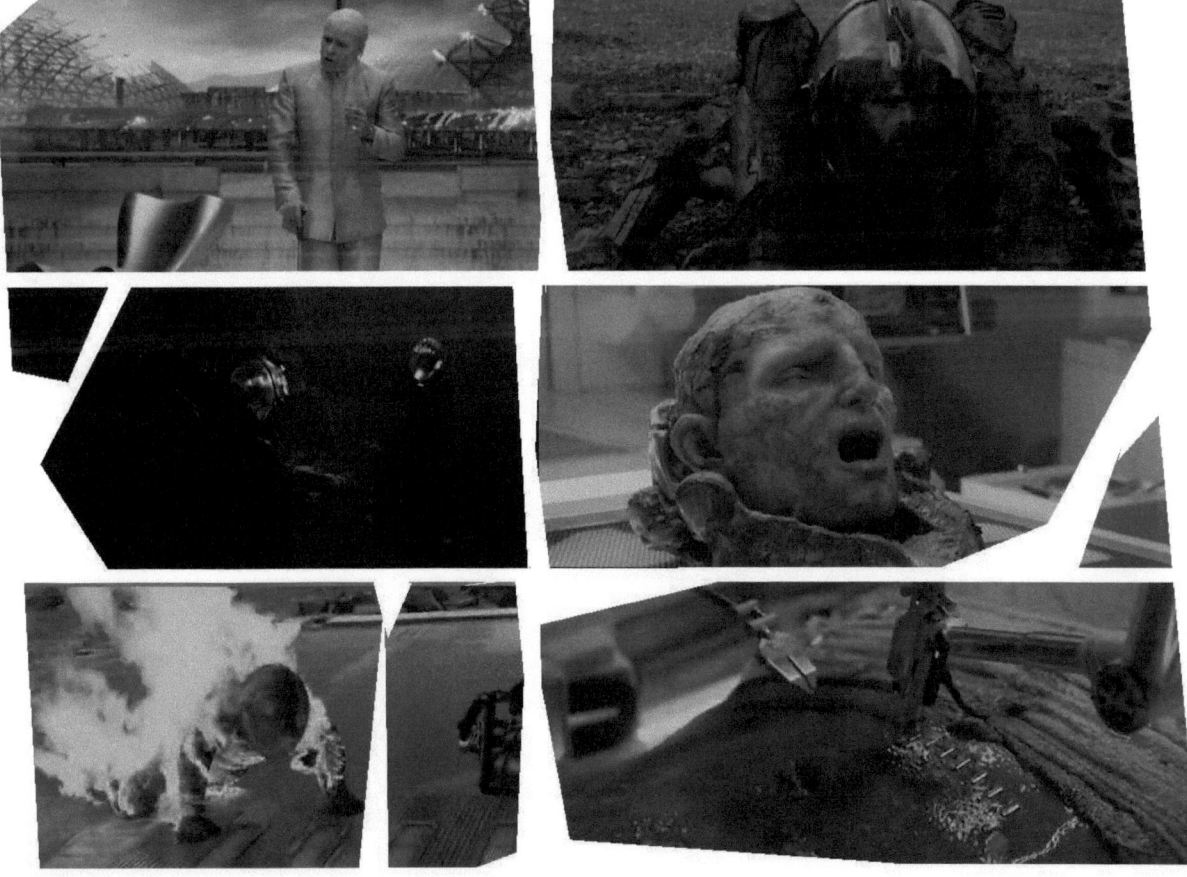

ANTWORTEN UND NEUE FRAGEN

Hier ist nun Spoiler-Alarm angesagt. Wer die Frage beantwortet haben möchte, ob „Prometheus" wirklich das Prequel zu „Alien" ist und die Antwort auf die Herkunft, der xenomorphen Monster und der riesigen Donut-Raumschiffs bietet, dem sei ganz klar mit ja geantwortet, und gesagt, dass er ab hier zum nächsten Absatz springen darf.

Tatsächlich sogar, beantwortet der Film gleich nebenbei, die Frage nach dem Ursprung allen Lebens auf der Erde und das ist wiederum mit den der Aliens verknöpft, schließlich sind diese tatsächlich eine Bio-Waffe, deren einziger Zweck es ist, eben alles Leben auf unserem blauen Planeten zu zerstören.

Das wiederum wirf natürlich wieder weitere Fragen auf, warum wie alle überhaupt von den Schöpfer-Wesen geschaffen wurden, und wieso wir wieder vernichtet werden sollen. Eben diese Frage und noch ein Paar mehr stehen dann offen im Raum, wenn der Abspann über die Kinoleinwand flimmert (bzw. den heimischen Flat-Screen).

DIE FUSSSTAPFEN DER NACHFOLGER

Außer Frage hingegen steht, dass die Schauspieler exzellent gewählt wurden und eindringliche Leistungen abliefern.

Allen voraus Michael Fassbender („Haywire") als Adroide „David", der das Alpha-Model zu „Bishop" darstellt und auf einzigartige Weise diese Figur als eine Art Psycho-Dater (der aus Star Trek ist gemeint) anlegt.

Auch Noomi Rapace („Millenium"-Trilogie, „Sherlock Holmes: Spiel im Schatten") meistert ihren Job erstklassig. Schließlich ist es an ihr in Sigourney Weaver Fußstapfen zu träten. Wobei ihr Charakter auch noch, auf seine eher zarte Art, ein gänzlich Anderer ist, als die herbe Powerfrau Ripley.

FAZIT: Ein Film; den man nicht nur sieht...
Man fühlt ihn regelrecht!
Und er fühlt sich nach "Alien", er fühlt sich nach Kino an, er fühlt sich nach dem an, was wir Filmliebhaber so sehr aus den 80er und 90er beweinen!
9 von 10 Punkte!

THE EXPENDABLES II –
BACK VOR WAR!

DER FILM: Barney Ross und seine Jungs sind zurück! Nachdem sie erfolgreich einen chinesischen Milliardär retten und dabei wohl jeden Soldaten, den Nepal zur Verfügung hat, ins Jenseits ballern, tritt CIA-Schattenagent Church auf den Plan, und fordert eine offene Rechnung ein. Barney´s Söldnertruppe soll für eine Agentin Babysitter spielen und sie bei der Beschaffung eines geheimen Gegenstands unterstützen, der in einem Flugzeug über Albanien abgestürzt ist. Das läuft natürlich nicht ganz reibungslos ab und die Jungs geraten in einen Hinterhalt der Sangs. Einer Terrorbande unter der Führung des schmierig bösen Jean Vilain, welche den Gegenstand (Lagepläne für waffenfähiges Plutoniom, wie sich rausstellt) abluchsen und einen von Barney´s Leuten umlegen.
Nun heißt es für die Männer nicht nur die Beute wiederzubeschaffen, sondern Vergeltung zu üben. Diesmal ist es persönlich!

KRITIK:

Zunächst einmal, eine Anmerkung über den ersten Teil.
Von diesem waren ja viele Fans enttäuscht, wegen der (budgetbedingten) schwachen CGI-Effekte, die fehlende Blutbeutel und vieles an Pyrotechnik ersetzten. Das ist nicht (wie versprochen wurde) Old-School.
Ja, CGI-Effekt und CGI-Blut ist nicht old-school. Es ist ein modernes Übel. Aber Eines mit welchen wir Fans heutzutage leben müssen und es bringt nichts, sich darüber aufzuregen, denn dann entgehen einem auch die positiven Aspekte eines Films.

Schließlich hatte „The Expendables" die (meisten der) besten Actionhelden der Geschichte in einem Film versammelt, der einzig und allein auch auf Action ausgerichtet war. Brutale und kompromisslose R-Rated Action, mit einem locker dreistelligen Bodycount. Keine nervigen Nebenfiguren, keine ollen Teenager für ein junges Zielepublikum, kein fadenscheiniges Gutmenschentun. „The Expendables" ist ein purer Söldneractioner, und will auch mehr nicht sein.

Das ist Old-School! Klar, es wäre noch besser gegangen. Die Effekte hätten auch besser sein können. Doch letzten Endes, hat „The Expendables" aus seinem vergleichbar geringen Budget das Beste gemacht, und ist ein sehr gelungener Actionfilm.

Und das Gleiche gilt nun auch für die Fortsetzung. Nur mit dem Unterschied, dass Sly und Regisseur Simon West („Con Air") hier deutlich mehr Geld zur Verfügung hatten.
Daher ist alles deutlich bombastischer, die Effekt sind einen ganzen Ticken besser (wobei CGI auch hier als Blutersatz dominant bleibt) und was die Action angeht; allein was in der Eröffnungssequenz alles abgefackelt und niedergeschossen wird, toppt locker den ersten Teil.

Wobei aber Simon West eine deutlich geschicktere Hand bei der Umsetzung der Actionszenen beweist, als Sylvester Stallone, der im ersten Teil noch selbst die Regie führte (hier aber natürlich als Produzent auch wieder die volle Kontrolle übers Projekt behielt).
So ist die Action deutlich weniger holprig umgesetzt, die Kamera wackelt deutlich weniger und auch Stakkato-Schnittgewitter kommen eher selten vor.

Dafür aber mangelt es „Expendables 2" deutlich an Handlung, (Es wird sogar gemunkelt, dass es für den Film kein richtiges Drehbuch gab), denn der Film ist nicht mehr als eine einzige Jagt von einem pompösen Gemetzel (und Starauftritt) zum Anderen.
Das stört aber nicht großartig. Es war der erste Teil, der sich für jede Figur etwas Zeit nahm, um diese dem Zuschauer etwas näher zu bringen. Das ist hier nur noch bei den drei Neuen, „Bill the Kid" (Liam Hemsworth, „The Hunger Games"), Maggie (Nan Yu „Speed Racer") und Booker (Chuck Norris „GOTT, der einzig Wahre") von Nöten. Wobei der Auftritt vom Letzteren zu den klaren Highlights von „Expendables 2" gehört und auch noch den geradezu verpflichtenden Chuck-Norris-Witz auffährt.
Ansonsten wird noch kurz auf die Vergangenheit, vom inzwischen rehabilitierten Gunnar (Lundgreen) eingegangen, der neben Sly und Statham, zu den sympathischsten Figuren gehört.
Insgesamt bekommt aber jeder genug Screentime. Einzig Toll Road (Randy Couture) erweckt einen leichten Statisten-Eindruck, und darf meist nur aus dem Hintergrund töten. Außerdem ist es etwas Schade um Yan (Jet Li), der nur für die Opening-Sequenz verpflichtet wurde und nach einem akrobatisch-brutalen Auftritt von der Bildfläche verschwindet.
Außerdem bekommen diesmal auch Schwarzenegger und Willis Gelegenheit im Kampfgetümmel mitzumischen und sich gegenseitig die Onliner abzuluchsen, was äußerst köstlich rüber kommt.

Alles andere als Köstlich, dafür beeindruckend böse, sind Jean Claude Van Damme und Scott Adkins als dynamisches Fiesling Duo.
Wehrend Van Damme als schmieriger Vilain selbst unter Tage seine Sonnenbrille auf der Nase behält und auch nicht davor zurückschreckt Kinder als Zwangsarbeiter zu verpflichten, gibt Adkins einen Agro-Arschloch ab, bei dessen rotzigen Knurren selbst der abgebrühteste Kiez-Türsteher, um Gnade winselnd, auf die Knie fallen würde.
Hier haben wir dann auch den einzigen Punkt, denn man wirklich kritisieren sollte.

Aus den Endkämpfen wurde doch leider etwas zu wenig gemacht.
Besonders, wenn zwei Prügel-Athleten wie Adkins und Statham aufeinander treffen, rechnet man doch mit etwas mehr als einer schnöden und sehr unspektakulären Klopperei. Gleiches gilt für Sly und Van Damme, wobei hier das Ganze etwas weniger Enttäuschend abläuft.
Auch etwas schade ist, dass Steve Austin nicht wieder dabei ist, schließlich wurde im Zuge der Vorproduktiin in den Raum geworfen, dass er als böser Zwilling seines ohnehin alles andere

als liebenswürdigen Charakters wiederkommen könnte.

FAZIT: Fassen wir mal zusammen. Wir haben hier die Elite des Actionfilms, die sich unzerstörbar und Sprüche klopfend von einem Blutbad zum Anderen ballern darf, dabei Berge durchsiebter Leichen und verbrannte Erde hinterlässt. Das Ganze mit dem nötigen Schuss Witz und Selbstironie, so Kurzweilig, dass die knapp über 90 Minuten wie im Flug vergehen. Von kleinen Fehlern abgesehen ein rundum gelungenes Old-School-Vergnügen, noch besser als der erste Teil. **9 von 10 Punkte.**

PROGNOSE: Der Film lief ungeschnitten im Kino und dürfte auch in dieser Form auch auf DVD und BD erscheinen.

V/H/S

DER FILM: Fünf sozial total unfähige Vollpfosten haben nichts Besseres zu tun, als den ganzen lieben langen Tag nur Blödsinn zu treiben, unbewohnte Häuser zu zerdeppern, Weibern auf offener Straße unfreiwillig die Möpse zu entblößen und sich selbst beim Sex zu filmen.
Klar, dass solche Säulen der Gesellschafft auch nicht davor zurück schrecken, für eine nicht unerhebliche Summe, in ein Haus einzubrechen und dort eine wertvolle VHS-Kassette zu klauen.
Nur blöd, dass der Hausbesitzer nicht nur tot in seinem Fernsehsessel vergammelt, sondern offenbar auch ein echter VHS-Messie war, weshalb die Fünf nun Einiges an Heimvideo-Material durchzuglotzen haben.
Und was sie sehen, ist unglaublich.
Da wären drei partywütige Idioten, die sich ein wahres Teufelsweib für einen Gangbang aufs Zimmer holen, oder ein Pärchen, dass auf ihrer Reise offenbar plötzlich einen Stalker an der Backe hat, ein paar Teens die bei ihrem Trip ins Grüne ins Revier eines scheinbar unsichtbaren Killers geraten, eine tittige Blondine, die sich mit paranormalen Mitbewohnern herumschla-

THIS COLLECTION IS KILLER.
V/H/S

gen muss und fünf Dudes, die auf den Weg zur Halloween-Party aus Versehen ins falsche Haus stolpern und einen Exorzismus crashen.
Doch auch die Einbrecher-Vollpfosten-Bande ist alles Andere als Sicher, da der Hausbesitzer gar nicht dran denkt, tot in seinem Sessel sitzen zu bleiben.

KRITIK: Zunächst sei mal jeder vorgewarnt, der mit Filmen im Found-Footage-Stil nichts anfangen kann. Dem Titel getreu, werden alle Episoden dieser bunten Horror-Anthology, von VHS-Kassetten abgespielt (und wurden wohl auch teilweise mit alten Videokameras gedreht). Dementsprechend sieht der Film, in Verbindung mit ständigen Gewackel und Geruckel der Kameras, über weites Strecken auch aus, was man kaum anders als augenkrebserregend umschreiben kann – besonders für Jene, die inzwischen sonst nur noch HD-Bilder gewöhnt sind, dürfte es sich daher recht schwer gestalten, den Film am Stück durchzuhalten ohne am Ende Kopfschmerzen, oder Schwindelgefühle zu bekommen. Zumindest ist die optische Umsetzung extrem gewöhnungsbedürftig. Dazu kommt auch gleich noch ein weiterer Makel, der den ungestörten Sehgenuss von „V/H/S" im Wege stehen kann, und den es zu überwinden gilt.

ALLE ARSCHLÖCHER HABEN ZU STERBEN
Fast alle Charaktere im Film sind notgeile und seltenblöde Frühzwanziger, von der Sorte Mensch, den man sonst eher auf RTL2, im (passt ja irgendwie) Reality-Trash-TV über den Weg läuft und denen man schleunigst wünscht, möglichst grausam sterbend wieder aus dem Bild zu verschwinden.
Und so können wir dann auch gleich zu den positiven Aspekten, dieser knapp 2 Stunden langen Kurzfilmsammlung kommen. Denn die meisten werden den Film nicht überleben, und möglichst grausam aus dem Bild verschwinden.
Es ist schon erstaunlich, wie Hart es zuweilen zu Sache geht. Da wird ausgeweidet, es werden Schwänz abgerissen, Messer durch den Kopf geschlagen, es wird verstümmelt und geschnetzelt, was das Zeug hält. Alles in explizit-dargestellter, sehr realistisch anmutender Handarbeit. Zumindest Gorehounds werden an „V/H/S" ihre Freude haben.

TROTZDEM SPANNEND UND GUT.
Aber auch nicht nur diese.
Denn obwohl, wie gesagt, keiner der (immerhin überzeugend gespielten) Charaktere auch nur ansatzweise dazu einlädt, dass man um ihn mitfiebert, erweisen sich die einzelnen Geschichten (von der öden, und absolut überflüssigen Zweiten mal abgesehen) selbst als überaus kurzweilig, abwechslungsreich und spannend. Zwar kann man immer erahnen, was als nächstes passiert, letztlich bekommt man dann aber doch die ein oder andere Überraschung geboten.
Das liegt zuweilen auch an der Inszenierung. Denn, obwohl alles anfangs eher unspektakulär und billig anmutet, explodieren die meisten der Episoden zum Ende hin im Effektgewitter. Besonders die erste und die fulminante letzte Episode, die einer Geisterbahn gleicht, seien an dieser Stelle zu nennen.
Kein Wunder. Befinden sich doch unter den knapp neun Regisseuren u.a auch Ti West ("House of the Devil", "Cabin Fever 2"), David Bruckner ("The Signal") und Glenn McQuaid („I sell the Dead") - doch auch die anderen Beteiligten, sind keine Anfänger, wenn es ums Filmemachen geht.

FAZIT: Fans von Found-Footage-Horror bekommen hier eine abgefahrenen und überaus blutrünstigen Episoden-Horror-Serviert, der sich bestens im Heimkino-Programm für die anstehende Halloween-Nacht macht. Ein knallharter, derber und vor allen Dingen wilder Spaß bei dem für jeden Horrorfan etwas dabei ist.

Alle Anderen müssen sich zunächst mit den angesprochenen Kritikpunkten arrangieren. Aber es lohnt sich.

8 von 10 Punkte.

PROGNOSE: Der Film erscheint im Oktober über Splendid. Eine ungeschnittene Freigabe der FSK ist angesichts der Zeigefreudigkeit und Härte der zahlreichen Gore-Szenen eher unwahrscheinlich. Glücklicher Weise aber liefert Splendid meist zeitgleich eine JK-geprüfte Uncut-Variante in der schicken „Black Edition" – wie zuletzt auch bei „Ozombie" geschehen.

FATHER´S DAY

DER FILM: Bringt alle Väter in Sicherheit! Denn der Killer Fuckman geht um.

Seine Opfer werden vergewaltigt, getötet, zerstückelt, angeknabbert und (falls die Zeit es zu lest) wieder vergewaltigt! Und die Polizei weiß nicht weiter!

Nur ein junger Priester ahnt, dass da mehr hinter dem perversen Treiben steckt und holt Ahab, den einzigen Mann, der dem Fuckman jemals nahe gekommen ist, aus seinem Exil in den Wäldern.

Zusammen mit jungen Stricher Twink, dessen Vater vom Fuckman ordentlich durchgenudelt und dann in Brand gesteckt wurde, nehmen sie die Jagd auf den Killer auf.

Der Anfang einer bizarren Odyssee, die das nicht besonders helle Trio bis in die tiefste Hölle führt…

KRITIK:

Troma ist wieder da!

Ja, im Zuge des Kino-Remakes des hauseigenen „Muttertags" hat sich wohl jemand in Lloyd Kaufmans´s Trash-Schmiede gedacht, dass man doch ein Quasi-Sequel, des Originals abliefern sollte. Mehr oder wenige so entstand die Idee, zu „Fathers Day".

Was letzten Endes dabei aber heraus kam, hat nun echt gar nix mehr mit dem „Rape and Revenge"-Klassiker zu tun. „Fathers Day" ist nämlich filmgewordener Irrsin.

Und damit meine ich nicht den üblichen Grindhouse-Trash-Mayhem a la „Hobo with a Shotgun", „Planet Terror" und „Machete".

„Fathers Day", ist wie wenn man einen Fliegenpilz gefressen. Zunächst scheint noch alles normal (wobei „Normal" hier ein sehr dehnbarer Begriff ist), dann bemerkt man einige Seltsamkeiten und eh man sich versieht, stellt man fest, dass man plötzlich mit Freddy Kruger und Dieter Bohlen Poker spielt und von Hitler unterm Tisch einen geblasen bekommt.

So ungefähr fühlt man sich dann, wenn man „Fathers Day" überstanden hat und im Zuge des Films einen ein WTF-Moment nach dem

Anderen um die Fresse gehauen bekommen hat.

Fängt der Film noch halbwegs bodenständig, als ultraderber und gezielt geschmackloser Slasher in feinsten Grindhouse-Look an, so schlägt der Tenor bald immer weiter eine eher ironische Richtung ein, bevor man im letzten Drittel einen wahren LSD-Trip durchlebt und der Film sich plötzlich in eine Horror-Komödie verwandelt hat.

Dabei ist der Witz aber deutlich besser pointiert, als man es von älteren Troma-Werken kennt und erinnert eher an „South Park", als etwa an „Toxic Avenger", „Nuke´em High" oder „Night oft the Chicken Dead". Oft einfach nur albern (wenn etwa der kernige Ahab und Twink sich in Frauenkleidern vor dem bösen Cop Detective Stegel davonschleichen), sind auch echte Schenkelklopfer dabei, (wie etwa Ahabs mangelnde Zielkünste, der fiese Schlussgag, oder Lloyd Kaufman als Gott). Ganz davon zu schweigen, dass das Finale in die Hölle verlegt wird und der wahre Fuckman-Dämon als Mega-Endboss-Monster zum ultimativen Kampf aufgefordert wird.

Aber das alles ist auch nur ein Fitzelchen, von dem, was den unvorbereiteten Filmfan in „Fathers Day" erwartet. Wie gesagt, es ist blanker Trash-Irrsinn!

Aber auch inszenatorisch bekommt man einige Überraschungen geboten. Denn die Inszenierung ist überaus hochwertig und mit viel Liebe zum Detail umgesetzt worden.

Effekte, Optik, Kameraführung, Kostüme – Der Film sieht wirklich aus, als wäre er, zu den Bestzeiten von Troma, in den 80ern und frühen 90ern entstanden. Das sieht einerseits trashig, andererseits aber auch wieder sehr professionell und gekonnt aus.

Auch sind gerade die derben Mord- und Horrorszenen, als krasser Kontrast zum lustigen Rest sehr atmosherisch und intensiv in Szene gesetzt worden.

Wenn der Fuckman etwa zur düsteren Exorzist-Like-Musik über ein Opfer herfällt und ihm den Penis abknabbert, herrscht im mehrfachen Sinne des Wortes Gänsehaut-Garantie.

In Sachen Gore und Perversionen hat man sich hier sowieso keine Grenzen gesetzt. Klar, dass da ein Verzicht auf CGI Ehrensache ist.

Und auch die Figuren sind wunderbar skurril geraten und mit viel Spielfreude zum Leben erweckt worden. Da sei Ahab, als Persiflage auf den kernigen Helden, der mit Augenklappe und Lederkluft jeden Fiesling in die Flucht schlagen könnte, aber nicht mal eine Dose aus zwei Metern Entfernung trifft, und auch so recht bedeppert daherkommt. Oder Twink als (pardon) Stricher-Homo, mit blonder Lockenpracht, pinken Stirnband und abgerissenen Ärmeln, verkörpert das perfekte 80er-Fashionvictim. Insgesamt aber liefern hier alle sehr gute Leistungen ab.

FAZIT: Eine Spirale des Wahnsinns! Was als derbster Slasher beginnt, entwickelt sich zu einer schier geisteskranken Wundertüte aus Horror, Splatter, Geschmacklosigkeiten, Fantasy und ironischen Witz.
TROMA TRASH-MAYHEM AT HIS BEST!
8 von 10 Punkte

ABGEFERTIGT

Was uns sonst noch das Hirn weichspülte...

ZOMBIE – 108
(aka Z-108)

DER FILM: Ein neues Gen bzw. Virus entwischt aus einem Labor und macht sich in Taiwan breit. Die Infizierten mutieren zu gröllenden Zombiehorden und lassen sich natürlich nicht von der schweren Bewaffnung der zuständigen Spezialeinheit beeindrucken, die gerade dabei ist, den District 108 zu evakuieren.

Dazu kommt auch noch eine Gangsterbande, die sich wild durch die Nacht gevögelt und gefeiert hat. Die haben die Apokalypse verpennt und kriegen den Auftritt der anrückenden Polizisten in den falschen Hals, was zunächst mal zu einer Schießerei zwischen den gegensätzlichen Parteien führt, bis die gammeligen Infizierten dazwischenbeißen.

Nebenbei bekommen wir auch noch Eindrücke aus dem Leben eines schwer gestörten Perverslings, der seinem Hobby, dem Frauensammeln und schänden nachgeht.

KRITIK:

Allein für das Gucken dieses Films sollte ich eigentlich schon den Preis für diese Ausgabe erhöhen. Denn es passiert selten, dass ich so unvorbereitet in einen so miesen Film stolpere, wie „Z – 108".

Ok, schon der Trailer sah minimal trashig aus und ein Paar Bilder von in Käfigen eingepferchten Frauen sahen doch leicht befremdlich für einen Zombiefilm aus. Doch das Ausmaß an Grottigkeit, dass diese unbeschreiblich üble Grütze für den Zuschauer bereit hält, war wirklich nicht abzusehen.

Schon die Geschichte um die Cops und die Gangster, die sich zuerst ohne ersichtlichen Grund beschießen und von einer Sekunde auf die andere zusammenarbeiten, ist nicht nur langweilig (weil schon 1000 mal besser gesehen) sie strotzt auch nur so vor nervigen Figu-

ren, die entweder strohdumm, dauerhysterisch oder (und) total profillos sind und wirklich Keiner einem Zombie in den Kopf schießen kann, oder sonst im Stande dazu ist, in irgend einer Form rational zu handeln.

Tatsächlich bleibt nur einer der Knallchargen etwas länger in Erinnerung.

Und zwar der afrikanisch stämmige Ausländer, aber auch nur weil der natürlich Parkur beherrscht und am laufenden Band, wie ein aufgeschreckter Fickfrosch, durch die Kulissen hüpft. Den Tod wünscht man ihnen aber allen schon nach wenigen Minuten.

Aber das ist ja auch nur der eine Handlungsstrang, denn „Z- 108" will ja zu 50% auch ein Terrofilm sein. Und auch hier versagt der Streifen auf ganzer Linie. Mal davon abgesehen, dass der Perversling schon ein schräges

Kerlchen ist, gibt's hier bis auf Erniedrigung hübscher Frauen und eine recht skurrile Misshandlung mit Beihilfe eines Tintenfischs, absolut nichts zu sehen!

Spannung kommt aber zu keiner Sekunde auf, schließlich gab es auch das schon 100.000 mal besser. Und abgesehenen, von den Prüfern bei der zukünftigen FSK-Prüfung, wird hier niemand geschockt sein. Tatsächlich dürfte das Geschehen niemanden auch nur ein Bisschen jucken. Denn außer, dass die Ladys lecker aussehen, haben sie nichts anderes zu tun, als zu wimmern. Selbst für die Mutter und ihre Göre gibt es keinen Grund mitzufiebern, da man auch von denen nichts weiter erfährt. Wenigstens bietet der stinklangweilige Folter-Part immer wieder eine Ruhepause zum chaotischen Nebenpart.

Aber das Dickste kommt ja bekanntlich zum Schluss. Und wenn auf die letzten Minuten beide Handlungsstrenge zusammentreffen und dann plötzlich noch ein weiterer Psychopath auftaucht und ein Infizierter nach ablegen eines seltenen Amuletts zum Mega-Zombie mutiert, nur um wenige Sekunden später von seinen Artgenossen gefressen zu werden und mal schnell aus dutzenden von Leichen ein aus der Luft sichtbares „SOS" zusammengezimmert wird, dürfte wirklich jedem Zuschauer, der noch bei Bewusstsein ist, das Hirn „Ölapalöma" singend durch den Dickdarm die Flucht anträten.

Zugeben, dass ganze klingt sogar halbwegs witzig, wenn man auf verfilmte Gülle steht, und auch dieser Rezensent hier würde jetzt eher ein feuchtes Höschens kriegen, als sich gewarnt zu fühlen.

Aber! Wenn schon eine miese Story, eine abgeschmackte und bescheuerte Handlung und profillose Figuren (Charaktere kann man keinen davon nennen) nicht genug wären, so strotz die Inszenierung nur so vor Dilettantismus.

Allein so etwas wie Continuity muss man hier mit der Lupe suchen. So weiß man meistens nicht, ob die beiden Handlungsstränge parallel, oder hintereinander stattfinden (wahrscheinlich beides und keines davon), Figuren tauchen auf und verschwinden wieder ohne jeden ersichtlichen Grund, ebenso verschwinden Leichen und Verstümmelungen plötzlich (auch ein abgerissener Unterkiefer wächst spontan in der nächsten Einstellung nach). Das bekommt man aber sowieso nur mit, wenn man ganz aufmerksam zuschaut – obwohl total offensichtlich.

Grund dafür (und weshalb man dem Film selbst als Trashfan meiden sollte) ist, dass Kameraführung und Schnitt so mies und grobschlächtig sind, dass man bei jeder Szene, in der auch nur etwas mehr Bewegung drin ist nicht mehr durchblickt.

Und das ist genau das größte Ärgernis. Denn „Z – 108" ist nicht einfach nur ein Billigfilm. Wir haben hier Horden schick gestalteter Zombies, gesperrte Straßenzüge und auch sonst fast schon (zu mindestens für Asien) kinoreife Production Values.

Hätte in Spielfilm-Debütant Joe Chein auch nur einen Hauch von inszenatorischen Können gesteckt, wäre hier wenigstens ein anständiger Trash-Spaß raus gekommen.

So haben wir hier am Ende zwar Trash – der Spaß bleibt aber aus.

FAZIT: Stellt euch mal vor, der gute alte Bruno Mattai würde noch leben und für ein anständiges Budget in Taiwan einen Zombiefilm inszenieren... Dann habt ihr schon ein klares Bild davon, was euch bei dieser übelst miesen Grütze erwartet. Grauenvoller Schnitt, Wackelkamera, zero Logik, konstante Zusammenbrüche in der Continuity und WTF?!-Momente am laufenden Band! Nur mit ganz viel Bier anschaubar. **3,5 von 10 Punkte**

PROGNOSE: In Sachen Gore gibt's hier nicht wirklich viel zu sehen, die wenigen wirklichen blutigen Szene lassen sich an einer Hand abzählen. Viel eher der harte und frauenverachtende Tenor des Folter-Parts, dürfte hier einer FSK-Freigabe im Wege stehen.

CHILLERAMA

DER FILM: Es ist die letzte Nacht des letzten großen amerikanischen Drive-In-Kinos.

Für die Abschiedsvorstellung hat sich der Besitzer was ganz besonderes einfallen lassen. Drei Filme, die man so schnell nicht vergessen wird.

Sei es ein Risenspermium, dass New York platt macht und die Freiheitsstatue begattet, ein junger Mann der sich am Strand in Musical-Manier mit seiner Homosexualität als Wer-Bear auseinander setzen muss, oder Hitler persönlich, der hinter das Geheimnis von Anne Frank(enstein) kommt und einem Monstergolem aufgemischt wird.

Doch auch im Autokino selbst geht es seltsam vor sich. Denn ein Mitarbeit, der seine tote Frau noch mal im Grab begatten wollte, wurde von seiner erstaunlich vitalen Lady in die Weichteile gebissen, und verbreitet eine äußerst infektiöse Krankheit über das Popcorn. Schon bald heißt es: Wenn in der Hölle kein Platz mehr ist, kommen die Toten zurück um die Lebenden zu ficken!

KRITK: Brauche ich nach dieser Synopsis eigentlich noch irgendetwas zu schreiben? Doch ein paar Worte sollten schon über diese eigentlich kinoreife B-Movie-Granate a la „Kentucky Fried Movie" gesagt werden.

Zuerst aber sollte man hier ein paar Namen in die Runde schmeißen. Da haben wir schon allein auf den Regiestühlen ein paar Gesellen, die man eigentlich immer gern im Vor- und Abspann sieht. So ist Adam Rifkin („Detroid Rock City") für das Sperma-Spektakel verantwortlich, wehrend Adam Green („Hatchet 1 & 2") Kane Hodder als Frankenstein-Monster-Golem auf Hitler loslassen kann, Tim Sulllivan dagegen („2001 Maniacs", „Jeepers Creepers") bringt mit seinem schwules Wer-bear-Musical etwas wärme ins Geschehen und schlussendlich lässt Joe Lynch („Wrong Turn 2") eine Bande notgeiler Zombies auf die Figuren der Rahmenhandlung los.

Das ganze verläuft kurzweilig, quietschbunt und nimmt sich zu keinem Augeblick auch nur ansatzweise Ernst, überrascht dafür aber immer wieder mit fein portionierten, dafür aber derben und handgearbeiteten Splattereinlagen und wurde zudem (besonders in den Cameos) vorzüglich besetzt. Neben Eric Roberts und bereits erwähnten Hodder (und Vielen mehr), sei hier besonders Richard Riehle als Kinobesitzer zu nennen, der im Finale schwer bewaffnet ein Filmzitat nach dem Anderen raushaut wehrend er Horden von Untoten wegpustet.

Das Ganze wurde sehr liebevoll und aufwändig in Szene gesetzt und selbst der (nötigste) Einsatz von CGI ist im Stande jedem Hard-Boilde-Filmfan das Herz zu erweichen, wenn etwa das Mega-Spermium in bester Stock-Motion-Manier animiert in New Yorks Straßen wütet. Herrlich!!!

FAZIT: Was die Grindhouse-Filme für das Schundkino der 70er und 80er ist, dass ist „Chillerama" für das Drive-in-Kinos der 50er und 60er. Eine schräge Liebeserklärung, gespickt mit durchgeknallten Ideen, abgedrehten Effekten, B-Film Ikonen und derben Gore-Szene, die man sich nicht entgehen lassen sollte. **9 von 10 Punkte**

PROGNOSE: Angesichts des enormen Humor-Gehalts und der stark entschärfenden Comichaftigkeit, könnte hier noch durchaus eine hohe FSK-Freigabe drin sein.

GET THE GRINGO

DER FILM: Ab nach Mexico, mit Taschen voller Kohle, denkt sich der grimmige (und namenlose) Fahrer eines schiefgelaufenen Raubs und brettert kurzerhand durch den Grenzzaun, während der Komplize auf dem Rücksitz verblutet.
Doch der Sprung ins Land der Taccos und Mariachi-Musik soll nicht in die Freiheit führen, sondern dient einzig und allein, um sich doch lieber von den korrupten, mexikanischen Beamten einknasten zu lassen, als von ihren amerikanischen Kollegen. Schließlich sind die Mexikaner deutlich verhandlungsbereiter, wenn Reichtum winkt.
Um den Knast kommt „der Gringo" aber, trotz Deal, nicht herum.
Dieser entpuppt sich dann auch noch überraschender Weise als wahre Gefängnisstadt, die einzig von einem Gangster regiert wird.
Doch wo Andere verzweifeln würde, sieht der mit allen Wassern gewaschene Gringo nur Gelegenheiten und macht sich an die Arbeit, den Knast, mit allen nur erdenklichen Mitteln, aufzurollen und wieder an sein Geld zu kommen. Dabei bekommt er unerwartete Unterstützung von dem zehnjährigen „Kid" und seiner Mutter.
Und er hat auch nicht viel Zeit. Denn auch die ursprünglichen Besitzer des Geldes stehen bald auf der Matte, und das kranke Knastoberhaupt hat alles andere als freundliche Pläne mit Kid.

KRITIK: Was haben wir denn da? Die Fortsetzung zu „Payback"?
Könnte gut sein. Denn vom stilistischen Wechsel zur sonnigen Südamerika-Kulisse und gewöhnungsbedürftiger Mariachi-Musik mal abgesehen, könnte dies Wahrscheinlich eine Fortführung von Porters Abenteuern sein. Besonders auch deshalb, weil man den Namen der Hauptfigur nicht erfährt – der Charakter ist jedenfalls nahezu der Selbe.
So, darf der in den vergangen Jahren kariere-technisch (wegen seiner politischen Einstellung und Aussetzer) arg gebeutelte Mel Gibson, in Regisseur Arian Grunberg´s Regiedebüt, grimmig, schweigsam und frei von jeder Moral

(aber trotzdem immer sympathisch), tricksen, prügeln und morden um an sein Ziel zu kommen, seinen natürlich böseren Gegenspielern immer zwei Schritte voraus.

Das Ganze geht mit einer großen Portion schwarzen Humor einher und ist spannend und sehr unterhaltsam geraten. Das Tempo und der allgemeine Tenor bleibt die ganze Zeit eher locker, unterbrochen mit vereinzelten dafür aber überraschend hart und kompromisslos geratenen Gewalteinschüben. Richtige Action, wie die anfängliche Verfolgungsjagd und einen sehr blutigen Shotout gibt's nur selten, dafür aber überaus wuchtig und ordentlich inszeniert (wie der Rest des Films, dem man ansieht, dass er ursprünglich fürs Kino produziert wurde).

Fazit: Ein herrlich grimmiger Neo-Noir-Thriller mit einem wunderbar bösen und doch sympathischen Mel Gibson in Bestform. Eine dreckige Räuberpistole für Genießer.
08 von 10 Punkte

PROGNOSE: Eher ein FSK:ab18-Titel, könnte aber auch noch ab16 durchgehen.

THE HUNGER GAMES
DIE TRIBUTE VON PANEM

DER FILM: In einer nicht allzu fernen Zukunft: Aus dem zerstörten Nordamerika ist der Staat Panem entstanden, das Kapitol regiert das ums Überleben kämpfende Volk mit eiserner Hand. Um seine Macht zu demonstrieren, veranstaltet das Regime jedes Jahr die grausamen Hungerspiele: 24 Jugendliche, je ein Mädchen und ein Junge aus Panems zwölf Distrikten, müssen in einem modernen Gladiatorenkampf antreten, den nur einer von ihnen überleben darf. Als ihre kleine Schwester Prim für die Spiele ausgelost wird, nimmt die 16-jährige Katniss freiwillig ihren Platz ein. Der zweite Kandidat aus Katniss' Distrikt ist Peeta, den sie seit ihrer Kindheit kennt. Kurz bevor das perfide Turnier beginnt, gesteht Peeta Katniss seine Liebe. Doch das Kapitol macht sie zu Todfeinden. (Quelle: Inhaltsangabe von AMAZON)

THE WORLD WILL BE WATCHING
THE HUNGER GAMES
MARCH 23

KRITIK:

Trotz seines Jung-Adult-Mantras und der Tatsache, dass der Film für genau dieselbe kommerziell lukrative (geschmacklich aber vollbehinderte) Zielegruppe angefertigt wurde, wie die „Twilight"-Reihe, kann man an dieser Stelle Entwarnung geben.

Denn „The Hunger Games" (in so einigen Film-Foren, schon als „Battle Royale" für Kinder belächelt) ist tatsächlich ein wirklich guter Film geworden – auch für erwachsene Zuschauer mit Anspruch!

Während „das Spiel" selbst, tatsächlich stark an eine softere, aber nicht minder verstörende „Battle Royale"-Variante erinnert, weiß vor allen die bizarr-bunte Dystopie drum herum zu begeistern, denn hier lauert das Grauen unter der sehr bunten Oberfläche und „The Hunger Games" versucht erfrischender Weise, die damit verbundene Sozial- und Medienkritik nicht mit dem Holzhammer zu vermitteln, sondern regt doch lieber zum Nachdenken an. Auch die etwas aufgesetzt wirkende Liebesgeschichte, wird glücklicher weise nicht allzu dick aufgetragen, so dass penetrante Gefühlsduselei a la Edward und Bella ausbleiben.

Ansonsten bekommt man hier alle Annehmlichkeiten eines Hollywood-Blockbusters geboten. Epische Bilder, tolle Kostüme, klasse Schauspieler (besonders Woody Harrelson sei hier zu nennen) und wuchtige Action, man bekommt hier schon einiges für sein Geld geboten.

FAZIT: Erstaunlicher Weise tatsächlich ein sehr guter Mix aus Dystopie und (abgemilderten) Menschenjagdaction, für Jung und Alt, der sogar nach dem Abspann zum Nachdenken anregt. Man darf wirklich auf die kommende(n) Fortsetzung(en) gespannt sein.
8,5 von 10 Punkte.

THE RAVEN

DER FILM: Edgar Allan Poe hatte es echt nicht leicht. Zwar berühmt, aber immer abgebrannt, muss er auch mit seiner Liebsten ein heimliches Verhältnis führen, weil ihr Vater eine Abneigung gegen den exzentrischen Schriftsteller hat.

Doch er hat noch ein deutlich größeres Problem. Denn in Boston geht ein Killer um, der sich bei der Gestaltung der Morde offenbar von Poes Werken inspirieren lässt.

Nachdem er anfänglich selbst als Verdächtiger gilt, wird er schließlich vom leitenden Polizisten gebeten bei den Ermittlungen zu helfen.

Es beginnt ein Wettlauf gegen die Zeit. Denn der Killer hat es auch auf Poe selbst abgesehen.

KRITIK: Ein Serienkiller-Thriller mit Edgar Allan Poe als Hauptfigur?
Ja, aus der Idee könnte man einiges Machen.
Hat man aber leider nicht.

Es sei auch wirklich nochmal zu sagen, dass der Film, trotz schneller Schnitte und eine Kamera die nicht voll drauf hält, keinesfalls unblutig ist, und die Tatsache, dass sich hier Kinder und Jugendliche gegenseitig niedermetzeln, grundsätzlich seine ganz eigene Wirkung besitzt. Da darf man, angesichts der Tatsache dass „The Hunger Games" gänzlich ungeschnitten eine FSK:ab12-Freigabe bekommen hat, mal wieder spekulieren was die FSK-Prüfer gesoffen, oder wie viel Extra-Kohle für die milde Freigabe geflossen ist.

„The Raven" ist ein ordentlich inszenierter und düsterer Thriller, aber auch nicht Mehr. Man kann sich alles anschauen, und wird (trotz kleiner Längen) bei leidlicher Spannung gut unterhalten, hat das Meiste aber am nächsten Tag schon wieder vergessen.

Selbst die überraschend blutig gestaltete Szene mit dem „Pendel des Todes" hebt sich da nicht ab, zumal man schon (sehr) Vergleichbares in „SAW 5" gesehen hat

Das Einzige was man nicht so schnell vergisst, ist John Cusack mit Gesichtsfotzen-Bärtchen, der beim gelegentlichen Overacting schockierende Ähnlichkeit mit Nicolas Cage hat.

FAZIT: Hätte man deutlich mehr draus machen können.
Was bleibt ist ein gut besetzter und solider Serienkiller-Thriller, mit ein paar Härten und einer netten Idee. **6 von 10 Punkte.**

PROGNOSE: Dank dem Pendel nur noch mit knapper Not in der 16er-Marke; sonst problemlos FSK:ab18.

DEAD SEASON

DER FILM: Ein Jahr ist es her, da hat eine Epidemie die Toten auferstehen lassen und die Welt in die Apokalypse gestürzt. Nur die wenigsten haben überlebt und die Städte gehören den Toten.

Nach längeren Kontakt über Funk treffen sich die Überlebenden, Elvis und Tweeter, mit dem Plan zu einer Insel zu reisen, auf welcher es keine Zombies geben soll.

Nachdem die Beiden ein Boot organisiert und die beschwerliche Überfahrt geschafft haben, müssen sie aber feststellen, dass das tropische Eiland, weder sonderlich fruchtbar, noch Zombiefrei ist. Gerettet von anderen Überlebenden, die von einem Ex-Militär angeführt werden. Finden sie sich zunächst in Gefangenschaft wieder und werden kurz darauf in die Gruppe aufgenommen.

Doch sind sie wirklich in Sicherheit? Denn auf einer Insel, auf der es nichts zu Essen gibt, muss man schwere Opfer erbringen um zu überleben.

_____

Die Inszenierung ist gut und besonders die Darsteller und ihre Figuren schaffen es das Interesse des Zuschauers zu wecken. Denn „Dead Season" legt viel Wert auf Charakterentwicklung, und was Menschen bereit sind zu tun, wenn es um Überleben geht und selbst Kannibalismus zur Notwendigkeit wird. Das schafft er zuweilen besser als die vergangene, zweite Staffel von „The walking Dead".

Trotzdem kommen auch Gorehounds nicht zu kurz. Es geht hart, kompromisslos und (bei sehr realistischen Handmade-Effekten) wirklich blutig zu.

Dazu kommt noch das atmosphärische Insel-Setting, das zuweilen an „Dead Island" erinnert.

Im Großen und Ganzen ein gut gelungener Zombie-Horror, der sich von der Massenware abzuheben weiß.

KRITIK: Ja, es ist nicht unbedingt leicht mit einem begrenzten Budget das Ende der Welt anständig in Szene zu setzen. Dementsprechend sieht „Dead Season" gerade am Anfang etwas billiger aus, als man es eigentlich gern hätte. Unbekannte Schauspieler und der Mangel von Zombiehorden in den Städten lassen den Kenner des Zombiegenres schon schlimmsten Billig-Müll erahnen. Aber...

Es ist nicht der Fall. Zwar ist „Dead Season" eine Low-Budget-Produktion, doch hat man erst mal die zehn Minuten-Hürde gemeistert, entwickelt sich der Film zu einer kleinen Perle.

Fazit: Einer der deutlich besseren Zombiefilme, der besonders durch seine interessante Story und Figuren überzeugt, aber auch durch die Inszenierung und viel Handmade-Gore begeistert.
8 von 10 Punkte

PROGNOSE: Der Film scheiterte ungeschnitten an der FSK und wurde nur zensiert in Deutschland unter dem Titel „The running Dead" veröffentlicht. Wer des Englischen also nicht mächtig ist, wird bis zu einer, sicher kommenden, VÖ aus dem deutschsprachigen Ausland gedulden müssen.

THE TORTURED

DER FILM: Das Leben von Craig und Elise liegt in Trümmern, nachdem ein Pädophiler ihren Sohn aus dem heimischen Garten entführt und ermordet hat. Die Ehe droht unter der Trauer und den gegenseitigen Schuldgefühlen zu zerbrechen.
Erst als der Täter eine viel zu milde Strafe bekommt rotten sich die Beiden wieder zusammen und fassen den Plan, den perversen Killer zu entführen und möglichst lange und schmerzhaft für seine Taten büßen zu lassen.

KRITIK: Obwohl bereits 2010 produziert, hat es der Film von Robert Lieberman („Mighty Ducks 3" und viele verschiedene TV-Serien-Episoden) bisher nur zu eine Veröffentlichung in Großbritannien geschafft. Das verwundert zum einen, wenn man bedenkt, dass die Produzenten von „SAW" dahinter stecken und der Film auf den ersten Blick alles andere als Misslungen wirkt.
Die Schauspieler (Erika Christensen „Parenthood", Jesse Metcalfe „Desperate Hosewifes" und Bill Moseley) sind als andere als unbekannt und machen ihre Sache gut.
Optisch und Inszenatorisch könnte der düstere Film perfekt ins „SAW"-Universum passen, die Parallelen sind jedenfalls deutlich erkennbar, zumal „The Tortured" (im Gegensatz zum storytechnisch ähnlichen „7 days") deutlich der Explotation zuzuschreiben ist, und daraus ausgerichtet ist niederer Rachewünsche zu befriedigen. Besonders zeigt sich das bei Mosleys überzogener Darstellung als Kinderschänder, der so entmenschlicht wurde, dass man es regelrecht genießt, wenn es schließlich (sehr hart und explizit) ans Eingemachte geht.
Und hier dürften wir dann auch zum Problem von „The Tortured" kommen, welcher für einen kommerziellen Erfolg des eindeutig fürs Kino produzierten Films pures Gift ist, und oben Anfangs beschrieben Verwunderung erklärt.

Denn (wieder eine Parallel zu „SAW") der Film endet mit einem extrem fiesen Twist, der besonders dem Zuschauer und seiner voyeuristischen Verlangen an der Gewalt auf bitterste Weise einen Spiegel vorhält. Das mag zwar clever sein, ist aber sicher nichts für Mainstream-Publikum. Dazu kommt ein sehr abruptes Ende, welches den Zuschauer nach knapp 80 Minuten mit vielen offenen Fragen und eher unbefriedigt zurück lässt.

Trotzdem ein insgesamt guter und kurzweiliger Schocker, denn man durchaus mal gucken kann.

FAZIT: Gut gemachter und bretterharter, aber auch etwas unausgereifter und sehr oberflächlicher Selbstjustiz-Folter-Schocker. **6,5 von 10 Punkte**

PROGNOSE: Keine Chance bei der FSK. Bei der Spio/JK könnte aber noch was laufen.

DEATH BELL 2: BLOODY CAMP

DER FILM: Die Schülerin Jeong Tae-yeon wird tot in einem Schwimmbecken aufgefunden. Die Polizei kommt zu dem Schluss, dass es Selbstmord war. Zwei Jahre später leidet Taeyeons Stiefschwester Se-hui an albtraumhaften Visionen und wird zudem von ihrem Mitschüler Ji-yun geärgert. Se-hui und 30 andere Schüler werden für ein „Sommer-Camp" ausgewählt, bei dem sie sich auf die Zulassungsprüfung für die Universitäten vorbereiten. Der Schwimmlehrer der Schule wird ermordet mit einer Warnung für die Schüler, dass alle getötet, wenn sie nicht herausfinden, wer die Morde begeht und warum. Die Schüler und restlichen Lehrer sind in der Schule eingesperrt, während immer mehr Morde geschehen. (Quelle: Wikipedia)

KRITIK UND FAZIT: Als im Fahrwasser der Folterwelle der Trailer zum ersten Teil von „Death Bell" erschien und einen südkoreanischen Mix aus „SAW" und „Battle Royale" versprach, überschlugen sich hierzulande Horrorfans in den Foren vor Erwartungen und es wurde sofort spekuliert, dass der Film niemals ungeschnitten in Deutschland erscheinen würde.

Tatsächlich aber war „Death Bell" dann aber weniger Folterhorror, denn mehr ein solider Slasher mit Anleihen bei Agata Christies „10 kleine Negerlein", der sich zudem (trotz einiger Härten) in Punkto selbstzweckhafter Gewalt weitestgehend zurück hielt und eher auf Spannung setzte – schließlich war der Film ja auch für die Kinos produziert und eine dortige 15+ Freigabe.

Und genau all Das kann man auch locker für den zweiten (bisher in DE unveröffentlichten) Teil von 2010 übernähmen.

Im Grunde ist alles beim Alten geblieben. Eine nicht unerhebliche Anzahl von Teenagern werden im Schulgebäude eingepfercht und müssen Rätsel lösen, um sich und ihren Mitschülern das Leben zu retten, und natürlich den/die Killer entlarven.

Das Ganze geht, nach einer etwas zähen Startphase relativ locker und spannend von Statten und ist auch einen Tick dreckiger als der Vorgänger geraten.

Was dieser immernoch eher mainstreamige Slasher dem ersten Teil voraus hat, sind die etwas blutigeren, aber vor allen Dingen deutlich kreativeren Mordsequenzen.

Dabei sind es besonders ein Lehrer in der Mikrowelle, oder ein mit Klingen bestücktes Motorrad, die beim Freund sleaziger Momente für angehobene Mundwinkel sorgen.

Der einzige Wermutstropfen ist, dass „Death Bell 2: Bloody Camp" auch die inhaltlichen Schwächen seines Vorgängers übernommen hat, und zuweilen eklatant die Regeln der Logik aushebelt und auch das ein oder andere Plothole vorzuweisen hat – unter dem Prädikat Nobrainer lässt sich das aber verschmärzen. **7 von 10 Punkte.**

PROGNOSE: Auch hier dürfte einer ungeschnittenen FSK:ab18-Freigabe nichts im Weg stehen, sofern die Prüfer keinen schlechten Tag haben. Erwähnt werden sollte allerdings, dass die hier besprochene koreanische Version (+15) an den härtesten Stellen, bei Schnitt und Ton, einen leicht zensierten Eindruck machte.

GIRLS GONE DEAD

DER FILM: Ein Rudel draller und freizügiger Miezen und ein Killer im Mönchskostüm mit Streitaxt, der lieber meuchelt als säuft, baggert und vögelt.

Alles klar?!

KRITIK UND FAZIT: Netter und schön altmodischer B-Slasher von der Stange, irgendwo zwischen „Cheerleader Camp" und „Slumber Party Massacre", der besonders mit den lecker Mädels und von Hand getricksten, schön deftigen Morden zu begeistern weiß und sich nicht sonderlich ernst nimmt.

Leider über weite Strecken auch echt hohl, albern, sehr spannugsfrei und total austauschbar.

Für anspruchslose Slasher-Fans und für Zwischendurch aber doch ganz OK.

Am besten gleich zusammen mit dem etwas ernsteren, aber ähnlich gelagerten „Lost Paradise – Playmates in Hell" gucken (und reichlich Bier nicht vergessen).
5 von 10 Punkte.

PROGNOSE: Eine Freigabe der FSK für die ungeschnittene Version wäre, in Anbetracht der Selbstzweckhaftigkeit und Menge der expliziten Schauwerte, doch etwas verwunderlich.

CHERNOBYL DAIRIES

DER FILM: Eigentlich sollte es eine gemütliche Europareise werden, die Chris dazu nutzen wollte um seiner Freundin Natalie einen Hochzeitsantrag zu machen (alles in Beisein von Freundin Amanda), wäre da nicht sein Bruder und ewiger Troublemaker Paul, den sie in Kiev treffen, und der das Trio auf einen Abenteuertrip in das strahlende Pripyat im Sperrgebiet von Chernoby mitnehmen möchte. Zu der Reisegruppe, angeführt von einem netten russischen Ex-Soldaten, gesellt sich noch ein Pärchen und los kann es gehen.

Zwar muss das Gelände, rund um das kaputte AKW, über Schleichwege beträten werden, doch ansonsten entwickelt sich die Reise durch die Geisterstadt zu einem netten und spannenden Erlebnis für alle Beteiligten.

Erst als es nach der kleinen Exkursion wieder zum Auto geht und alle Beteiligten feststellen müssen, dass Jemand den Motor des Reisebusses ausgeweidet hat und sich über Funk keine Hilfe rufen lässt, ist der Urlaub im Eimer.

Denn nun sitzen alle in dem verstrahlten Örtchen fest, das gar nicht so verlassen zu sein scheint.

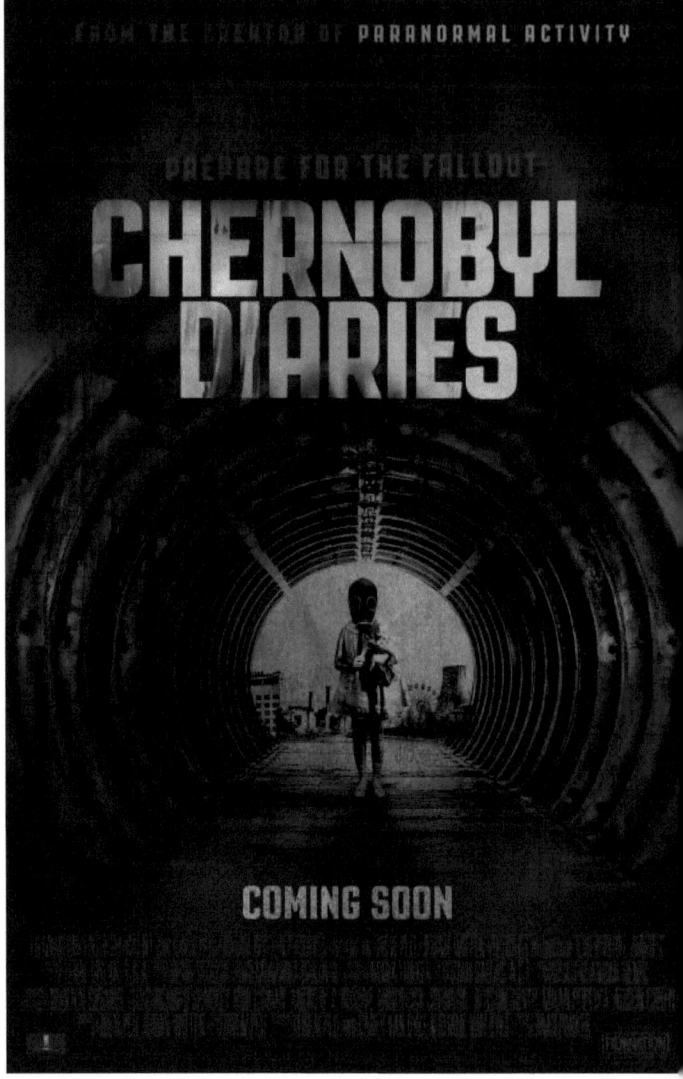

KRITIK: OK, das erlebt man heutzutage auch eher selten.

Wir haben hier einen Terrorfilm bzw. Backwoodhorror. In der Regel also ein Genre, das ohne Gore und Folter eher schlecht zurechtkommt.

Nicht aber hier. Denn der kameratechnisch im Doku-Stil gefilmte (kein Found-Footage, nicht falsch verstehen) Horror, setzt voll und ganz auf Atmosphere und Spannung, und das gelingt hier erstaunlich gut. Gestorben wird natürlich trotzdem kräftig und eine verstümmelte Leiche gibt es auch zu sehen, doch richtige On-Screen-Morde gibt's eigentlich nicht. Meist verschwinden die Opfer einfach aus dem Bild und tauchen bei Bedarf (wenn überhaupt) als Leiche wieder auf. Auch bekommt man die Angreifer (ein sehr penetrantes Rudel Killerhunde mal ausgenommen) selbst erst im letzten Viertel des Films zu sehen. Das Ganze läuft aber so beklemmend und fesselnd ab, dass man sich nicht daran stört. Auch nicht daran, dass die Handlung selbst, doch etwas sehr klischeehaft verläuft und das Ende zwar schön fies ist, aber doch nicht wirklich einen Sinn ergibt. Dafür bekommt man immerhin den wohl besten Einsatz eines Ost-Europa-Settings, denn man seit Langen in einen B-Movie bewundern durfte. Die apokalyptische Geisterstadt ist der wahre Star des Films.

Ansonsten gibt's hier auch keine richtigen Stars, alle Darsteller sind eher unbekannt, aber immerhin alle schon länger im Geschäft tätig. Auch sind die Figuren (meist) nicht so nervig dumm und unsympathisch, wie in vergleichbaren Produktionen.

Fazit: Backwood-Horror a la „The Hills have Eyes" mal Anders. Weniger Gewalt, dafür mehr Terror – Sehenswert! **8 von 10 Punkte**

THE RAID

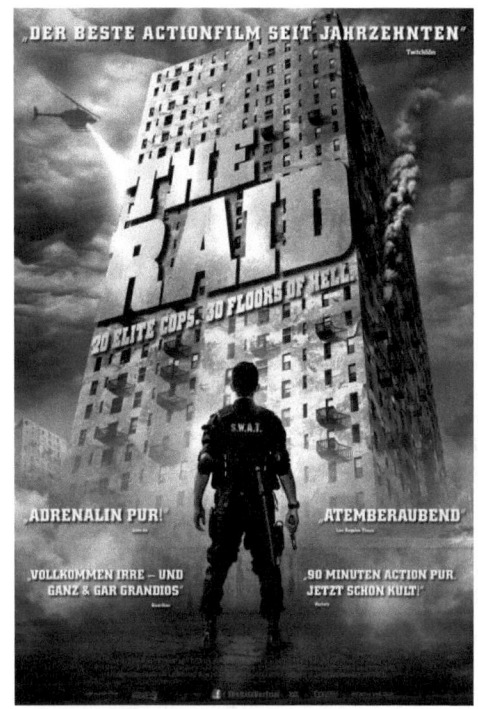

DER FILM: Drogenbaron Tama scheint unangreifbar. Als Besitzer eines riesigen, verfallenen Wohnhauses, beherbergt er Dutzende der gefährlichsten Killer des Landes unter einem Dach, und kann so ungestört seinen Geschäften nachgehen.

Doch damit soll nun Schluss sein. Eine Eingreiftruppe der Polizei wird entsannt um Indonesiens Staatsfeind Nr.1 zu verhaften.

Zwar gelingt die Infiltration des Hauses, doch unbemerkt bleiben die Elite Kämpfer dabei nicht.

Es entbrennt ein beispielloser Kampf ums blanke Überleben. Und wenn die letzte Patrone aufgebraucht ist, müssen eben Fäuste und Stichwaffen ran!

KRITIK:

Man stelle sich mal einen Mix aus „Stirb Langsam", „Assult" und „Black Hawk Down" vor, würze diesen mit wilder und bretterharter Old-School-Prügel-Action a la „Ong Bak" und einer edel dreckigen Inszenierung, wie man sie eigentlich eher aus Frankreich erwarten würde - dann hat man in etwa ein klares Bild von dem was man von „The Raid" zu erwarten hat.

Dieser Streifen ist brachiales Actionkino vom Feinsten und sollte von jedem Fan härterer Genre-Kost zumindest einmal angeschaut werden. Und wer meint, dass das jetzt zu schön klingt, um wahr zu sein, der sollte sich mal schleunigst den derb-brutalen RED-BAND-TRAILER auf Youtube zu Gemüte führen und

dann noch mal bedenken, dass Dieser gerade mal ansatzweise wiederspiegelt, was man schließlich im richtigen Film zu sehen bekommt.

Hier wird geballert ohne Ende, geprügelt wird mit vollen Körpereinsatz, und wenn zwischendurch mal 20 Typen im Nahkampf mit dem Messer niedergeschnetzelt werden, hält die Kamera voll drauf auf das blutige Treiben.

Story? Handlung? Gibt's beides, ist hier aber eher Nabensache und recht dünn geraten, stört aber nicht sonderlich und reicht für die nützliche Portion Spannung.

Ebenso sind die Schauspieler nicht schlecht, wobei ihre enormen kämpferischen Fähigkeiten deutlich mehr im Vordergrund stehen.

FAZIT: Blutgetränkte Actionorgie mit spektakulären, bodenständigen Kampfeinlagen und Stunts. Für Fans harter Actioner ein absolutes Muss! **9 von 10 Punkte**

PROGNOSE: Lief ungeschnitten mit FSK:ab18 im Kino und wird so auch auf DVD und BD erscheinen.

HAUNTING OF WHALEY HOUSE

DER FILM: Die junge Penny arbeitet als Touristen-Führerin in der berüchtigten Spuk-Bude Whaley House. Trotz Warnungen von ihrer Chefin und obwohl ihr bereits bei einer Führung eine Frau hysterisch weggeklappt ist, lässt sie sich von Freunden für eine wissenschaftliche Er-kundung, bei Nacht, zum Einbruch in die unheimliche Hütte verleiten.

Doch die Toten haben es gar nicht gern, wenn nachts ir-gendwelches Deppenvolk durch ihre Räumlichkeiten stol-pert und machen sich daran, die Scooby-Gang zu dezimie-ren.

Ebenso auch noch einen großen Schwarzen, der lieber ein Kätzchen im Garten füttern möchte als die blanken Möpse seine blonden, notgeilen Begleitung zu bewundern, und die Panik-Tante von der Führung, die einzig aus der Klapse entsprungen zu sein scheint, um sich mit einer Axt vor dem Haus ein neues Atemloch zu kloppen. (- Hat zwar nichts mit der weiteren Handlung zu tun, lässt den Bodycounter aber immerhin zwei Mal mehr klimpern)

KRITIK: Geisterhorror by The Asylum, die ERSTE! Hier haben wir den nunmehr dritten von The Asylum´s unzusammenhängenden „The Haunting of..."-Filmen, in denen es wie der Titel schon sagt um Spuk-, respektive Geis-terhorror geht

Und (anspruchlose) Geisterhorror-Fans be-kommen hier auch wirklich alles geboten, was sie sich von so einem Genrebeitrag nur erhof-fen können. Denn Regisseur und Drehbuchau-tor Jose Predes („The Monster Man") hat hier kreuz und quer bei Vorbildern wie „Poltergeist", „Amityville" und selbst „Tanz der Teufel" ge-wildert.

Ob nun ein Geistermädchen, ein Medium, ein fleischfressender Zombie, Besessenheit und allgemein grimmige Geister; was man hier so an Ideen reingepackt hat, das reicht locker für

drei Filme und sorgt zumindest dafür, dass „The Haunting of Whaley House" über die kur-ze Laufzeit hinweg abwechslungsreich bleibt. Dazu gibt's dann auch ein paar eingestreute, billige, dafür etwas härtere Gore-Einlagen, die zur Abwechslung mal von Hand getrickst wur-den.

Eigentlich wäre hier vorliegender Film auch einer von Asylums Besseren, wären nicht alle Figuren absolut uninteressante, dumme und schlecht besetzte, Klischee-Knallchargen, die im besten Fall für unfreiwillige Komik sorgen, im Schlimmsten aber dazu neigen dem Zu-schauer auf den Kecks zu gehen, wie etwa der medial begabte Afro-Amerikaner.

Aber auch sonst hat man die ganze Zeit ir-gendwie das Gefühl, dass das Drehbuch an einem bierseligen Nachmittag auf die Schnelle auf eine Serviette gekrickelt wurde.

Doch immerhin. Das Zusammenspiel der Guten, sowie der schlechten Eigenschafften, hat zumindest den Effekt, dass dieser Film sich tatsächlich wie ein C-Trasher aus den 80ern anfühlt, denn man verstaubt und verklebt in im untersten Fach des VHS-Regals in der Videothek fand.

FAZIT: Leidlich unterhaltsamer Geister-Horror mit 80er-C-Movie-Feeling. Austauschbar, aber auch anschaubar. **5 von 10 Punkte.**

PROGNOSE: Es spricht eigentlich nichts gegen eine ungeschnittene FSK:ab18-Freigabe. Sollte der Film, wie die meisten Asylum-Produktionen, aber über Great Movies erscheinen wird eine ungeschnittene deutschsprachige Version sehr unwahrscheinlich.

LEPRECHAUN´S REVENGE

DER FILM: Die ganz süße Sherifstochter Karen, stolpert bei einem Jagdausflug über ein magisches Kleeblatt und zieht so einen alten Fluch auf sich, durch den auch ein monströser Ork.. äh Leprechaun erweckt wird (sieht aber aus wie ein oller Ork!). Nun hat sie nur noch vier Tage zu leben, während der Ork-Leprechaun sich im Wald und der Stadt an denen recht, deren Vorfahren einst sein Gold stibitzt haben.

KRITIK UND FAZIT: Neeee... Auch wenn der Titel alte Horrorhasen gleich an die kultig-schrottige Reihe um den flotte Sprüche schmetternden, von Warwick Davis verkörperten, Killer-Gnom denken lässt, handelt es sich bei „Leprechauns"-Revenge nur um einen schnöden Monster-Horror auf soliden TV-Niveau. Nicht mehr und nicht weniger.

Das ganze dümpelt über die meiste Zeit eher unspektakulär (mit gelegentlichen Plotholes) vor sich hin, bevor es dann zum Finale hin etwas flotter vor sich geht. Es gibt viele (mal mehr, mal weniger blutige) Kills und Billy Zane als Sherif mit drolligen Hut.

Kann man sich mal anschauen, muss man aber nicht unbedingt. **5 von 10 Punkte**

PROGNOSE: Könnte auch mit FSK:ab16 durchkommen.

KINDER DES ZORNS(8): GENESIS

DER FILM: Da Tim und die schwangere Allie in der Wüste mitten im Arsch der Welt stranden, bietet sich die einzige Hütte weit und breit, doch förmlich an, um mal anzuklopfen und nach Hilfe zu fragen. Diese wird dann auch zwar von dem etwas seltsamen Prediger und seiner Katalogbraut geleistet, doch der rettende Abschleppdienst kann erst am nächsten Tag kommen. Zwar wird das Paar verköstigt und darf in der schäbigen Behausung übernachten, doch bekommen sie die klare Anweisung nachts nicht weiter als bis zum Aussenklo zu gehen.
Wenn sie sich doch nur daran halten würde...

KRITIK Es ist ja nicht so, als ob irgend ein Film der „Children oft he Corn"-Reihe wirklich gut wäre
(bei objektiver Betrachtung, sind selbst die ersten drei Teile gerade mal besserer Trash – das überaus gelungene Made-for-Syfy-Remake ignorieren wir hier mal), aber wie man es schafft, so konstant das Niveau unter die Erde zu lenken, ist schon echt beeindruckend. War schon der 6. Teil ein obskurer Langweiler, der immerhin noch ein paar nette Härten zu bieten hatte, konnte der extrem trashige 7. nicht mal mehr Gore bieten und hat es tatsächlich bis jetzt (immerhin innerhalb von 11 Jahren) nicht geschafft in Deutschland veröffentlicht zu werden.
Dieses Schicksal könnte man auch ruhig „Gensis" wünschen (der aber leider schon im September auf die Deutschländer losgelassen wird), denn der Film von Joel Soisson (der vom soliden „Maniac Cop 3" nur noch Mist-Fortsetzungen wie „Pulse 2 und 3" verbrochen hat) ist billige Grütze von der langweiligsten Sorte, der zu 99% überhaupt Nichts mehr mit der Vorlage von Stephen King zu tun hat.
Wird in den ersten fünf Minuten noch auf die Ereignisse in den ersten beiden Teilen angespielt, so verbringt der Zuschauer dann die restliche Zeit des Films mit einem Pärchen,

einem Prediger und seiner russischen Katalogbraut eingeschlossen in einer schäbigen Hütte irgendwo in der Wüste, während im Schuppen hinterm Haus ein übersinnlich begabter Rotzbengel immer mal auf telepathischen Wege ein Paar Möbel umher schleudert. In der Zwischenzeit wird gestritten, gefaselt und gestritten und gefaselt.
Wer hier Erwachsene meuchelnden Kinder erwartet, wird hier schwerstens enttäuscht. Tatsächlich bekommt man hier die ganze Spielzeit über keine Kinder im Film zu sehen und Gemeuchele gibt's auch kaum. Der Bodycount ist an einer Hand abzuzählen, den einzigen blutigen Kill gibt's zum Ende hin und das einzige Opfer während des Films, ist der obligatorische Gesetzeshüter, der einzig und allein auftaucht um „Die Vergessenen"-mäßig in den Himmel gesaugt zu werden.
Das große fiese Finale soll dann auch noch durch einen spektakulären Crash dargestellt werden, welcher auch noch schlecht und offensichtlich montiert aus Stock-Footage von „Bad Boys 2" besteht, und vor Unlogik nur so strotz. Aber auch sonst ergibt der Film nicht viel Sinn.

Und schauspielerisch kann man hier auch alles vergessen. Billy Drago als Prediger ist die meiste Zeit scheintot, und der Rest absolut untalentiert. Einzig Barbara Nedeljakova („Hostel 2") ist als verluderte Hausfrau lecker anzuschauen.

FREIGABE: Der Film ist ungeschnitten FSK:ab16.

FAZIT: Billiger, unblutiger, charmefreier und stinklangweiliger Müll, den kein Mensch braucht.
2 von 10 Punkte.

THE ORPHAN KILLER

DER FILM: Audrey hatte es nun echt nicht leicht in ihrem Leben. Nachdem ihre Eltern, im Beisein ihres Bruders und ihr, ermordet wurden, kamen die Geschwister in Weisenheim, wo der traumatisierte Bruder schnell ins sozial Abseits und den Wahnsinn abzugleiten beginnt, was die dortigen Erzieherinnen auf ihre eigene unangenehme Art zu handhaben wissen.
Nachdem die Geschwister daraufhin auch noch getrennt werden, und Audrey in behüteten Verhältnissen aufwächst, wächst der Hass des Bruders ins Unermessliche.
Jahre später Macht ihr Bruder sie, maskier mit schicker Schädel-Maske, an einer katholischen Schule in der sie als Lehrerin arbeitet, ausfindig und schlachtet alles ab, was ihm in die Quere kommt.

KRITIK: Holdewitzka! Man muss schon zugeben; „The Orphan Killer" ist echt ein außergewöhnliches Filmchen.
Wenn einem schon in der Anfangs-Sequenz die Death-Metal-Version von „Cry little Sister" zu Luftaufnahmen in billigster Porno-Optik entgegen gegrölt wird, kann man gar nicht anders, als mit dem Schlimmsten zu rechnen – und wird dann doch überrascht.
Denn nach dem ersten Audio/Visuellen-Schock (und dem halben Bier, das man zwangsläufig sofort im Rachen versenkt hat), stellt man erstaunt fest, dass hier durchaus Könner am Werk waren und viel Liebe zum Detail drin steckt. Zwar sehen die digital aufgezeichneten Bilder entsprechend nach „Willige Hausfrau-Schlampen von der Müllkippe XIII" aus, dank gutem Schnitt, schicker Settings und einer anständigen Vertonung wird hier aber trotzdem ein anständiges cineastisches Niveau erreicht, das sogar eine dichte Atmosphäre zulässt.
Und wenn dann der Killer, der wie eine Leder-Version von „Chromeskull" aussieht und auch gern mal das Foto von unserem Past abfackelt (WTF?!), so bald wie möglich, ans Meucheln macht, platzt bei jedem Gorehound, in Anbetracht der Masse und Selbstzweckhaftigkeit des Gekröses, schnell die Hose auf.
Schädel werden gespalten, zertrümmert, abgehackt , es wird mit Stacheldraht gewürgt und

aufgeschlitzt bis das Messer qualmt. Und das alles in derbster und bester Handarbeit getrickst.

Aber auch die weitestgehend unbekannten Schauspieler machen ihren Job gar nicht mal schlecht. Hauptdarstellerin Diane Foster als Final Girl mag nun nicht unbedingt die talentierteste Mimin sein, legt sich aber ordentlich ins Zeug und sieht zudem wirklich mehr als nur lecker aus, und macht so, in doppelter Hinsicht, eine sehr gute Figur. Dazu gibt's auch noch Kult-Darsteller John Savage (u. v. a. „Red Scorpion 2") und Karen Young (u. a. „Handgun") in Nebenrollen.

Leider fängt der Film dann aber, nach der exzellenten ersten Hälfte, auf ärgerlichste Weise an zu kippen. Zwar geht's nicht total abwärts, doch wenn plötzlich bei den letzten Morden unpassendster, übelster Hordcore-Metal zur Vertonung eingesetzt wird, ist das arg unnötig und wirkt unfreiwillig komisch.

Dazu gestaltet sich der Folter-Part im letzten Drittel eher langweilig, als schockierend.

Trotzdem dürfen Fans derber Slasher unbesorgt zugreifen, wenn sie nicht gerade die doch etwas besseren „Laid to Rest"- Filme zur Auswahl haben.

FAZIT: Derber und sehr liebevoll gestalteter Billig-Shlasher mit kleinen Schwächen, der zum Ende hin leider etwas zu sehr auf Folter setzt und dadurch auch abebbt.
6,5 von 10

PROGNOSE: Da schon die US-DVD beschlagnahmt wurde, ist eine ungeschnittene deutsche VÖ gänzlich ausgeschlossen. Doch auch so, braucht man kein Medium zu sein, um vorher zu sagen, dass der Film (ohne weitreichende Schnitte) keine Chancen bei der FSK hätte.

OZOMBIE

DER FILM: Es lief eben doch alles etwas anders, als uns die US-Regierung weiß machen wollte...

So durfte sich die Elite-Einheit, die die Casa Osama stürmte, überraschender Weise mit Untoten herum schlagen, bevor sie amerikas Staatsfeind Nr.1 ausknipsten. Der wiederum konnte sich noch davor einen ordentlichen Schuss Zombie-Serum in die Wehnen pumpen und frisch reanimiert beim Abtransport die Hubschrauber-Crew überrumpeln, so dass die Versenkung im Ozean eher unfallbedingt stattfand.

Frisch aus dem Meer geschlürft an „irgend einer arabischen Küste" fällt der durgeweichte Turban-Gammler sogleich Al Qai-

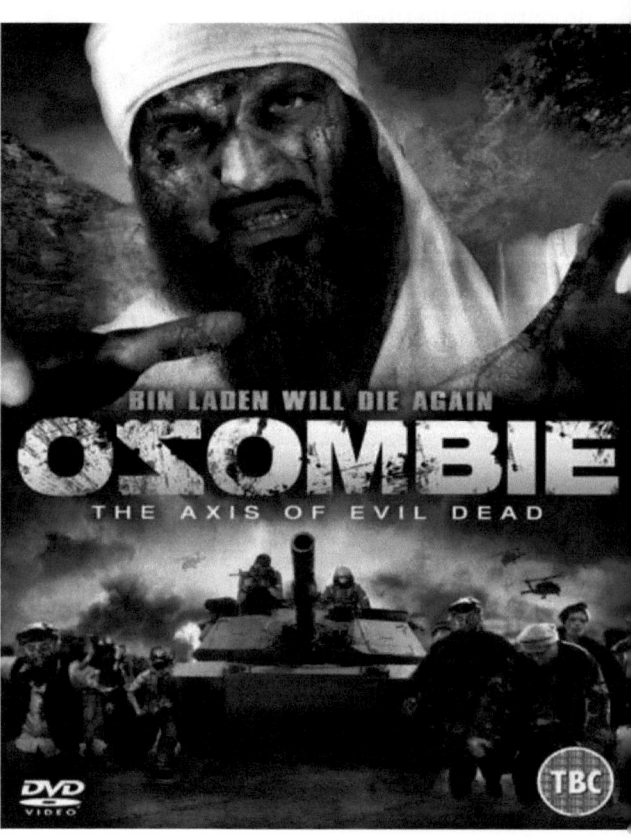

da als ultimative Waffe in die Hände.

So müssen nun wieder die härtesten Pistenschweine die das US-Militär zu bieten haben (inklusive Samurai-Schwert schwingender Killer-Mieze) durch die Zombieverseuchte Wüsten-Pampa um Osama noch ein weiteres Mal in die ewigen Jagdgründe zu schicken.

Unterwegs treffen sie auf Anna, die sich auf der Suche nach ihrem leicht vertrottelten Bruder befindet. Dieser ist dem Gerücht gefolgt, dass Osama immernoch unter den Lebenden weihen soll, und hat sich auf eigene Faust auf gemacht, um ihm den gar aus zu machen und erweist sich bald als sehr nützlicher Mitstreiter...

KRITK: Von der netten Idee mal abgesehen, ein eher durchschnittliches, actionorientiertes Zombie-B-Movie, das aber immerhin mit einer soliden B-Besetzung aufwarten kann und einen wirklich enormen Bodycount vorzuweisen hat. Hier vergehen kaum 5 Minuten, ohne dass sich Horden von schick gestalteter Zombies einen, meist blutigen Headshot einfangen, oder anderweitig zerstückelt werden. Leider aber, wird dabei fast ausschließlich auf CGI gesetzt. Die Effekte wurden zwar geschickt in die Szenen integriert, wirken oft aber trotzdem eher etwas billig.

Auch geht dem, fast nur am Tage spielenden, Film jede Atmosphere und Spannug ab. Immerhin: Der Film tendiert eher in Richtung-Fun-Splatter (auch wenn der Humor etwas dezenter daherkommt), lädt gelegentlich mit den Schrägen Figuren (wie ein Soldat der immer sein Hemd runter reißt, oder der durchgeknallte Bruder) zum Schmunzeln ein und kann ein gutes Tempo vorweisen. Für Zwischendurch, ein ganz netter No-Brainer.

FAZIT: Solide inszenierter B-Zombie mit enormen Bodycount und ein paar Schwächen, von denen besonders der ausschließliche Einsatz von CGI-Splatter den Handmade-Puristen sauer aufstoßen könnte.

6 von 10 Punkte

PROGNOSE: Splendit veröffentlichte den Film ungeschnitten mit JK-Freigabe im Zuge ihrer Black Edition Reihe auf DVD und BD. Für den ungebildeten Durchschnitts-Kraut gibt's aber auch die übliche Kaufhausfassung, mit rotem Flatsche drauf, aber weniger Film drin.

<u>GEWINNSPIEL!!!</u>

Hier könnt ihr 20 Karten für das Weekend of Horror (02.11. – 04.11.12) gewinnen. Es gibt jeweils 10 Karten für Freitag und 10 Karten für Sonntag.

Beantwortet einfach folgende Frage: Welche Zwei Gäste des kommenden WOH sind als „The Boondock Saints" zu Kult-Stars geworden?

Eure Antworten sendet ihr, zusammen mit euren Namen, bis zum 25.10.12 via E-Mail an <u>Fornits-fornus@gmx.de</u>. Die Gewinner werden am 26.10.12 ausgelost und per Mail benachrichtigt.

Viel Glück!

HORROR IN DER 3. DIMENSION

Unsere 3D-Empfehlung fürs Wohnzimmer

SECTOR 7

DER FILM: Obwohl die Bohrplattform im Sector 7 kein Öl hergeben will, will Flintenweib Cha einen letzten Anlauf starten um doch noch an das schwarze Gold zu kommen (schließlich ist schon Jahre zuvor ihr Vater auf Sector 7 umgekommen).
Doch was die kernigen Arbeiter letztlich zutage fördern, überschreitet ihre kühnsten Vorstellung und macht sich geschwind daran, die Besatzung zu dezimieren.

KRITIK: Wenn es um modernen Monsterhorror geht, hat der südkoreanische (und auch sonst sehr gelungene) „The Host" besonders in Sachen CGI-Kreatur echte Maßstäbe gesetzt. Noch nie sah ein Monster aus dem Rechner, so plastisch und realistisch aus (– die Dinos aus „Jurassic Park" lassen wir hier mal stillschweigend unterm Sofa verschwinden).
Jedenfalls ließen von da an die Worte Korea + Monster bei jedem Fan gepflegter Creature Feature mit den Ohren schlackern, sobald sie fielen. So auch im Fall von „Sector 7".
Und diese werden weitestgehend nicht enttäuscht.
Doch zuerst einmal aber zu der größten Hürden, die bei „Sector 7" einem unbeschwerten Filmgenus im Wege stehen. Diese ist der, typisch koreanische, (zumindest für westliche Rezeptoren eher befremdliche) extrem alberne Humor, der mit peinlichen Overacting einher geht und im krassen Kontrast zu dem sonst düster-ernsten Tenor der Films steht.

Ansonsten könnten sich anspruchsvolle Cineasten an der recht simple geratenen Story stören, doch der durchschnittliche Monsterliebhaber wird sich hier eher angenehm an B-Movies a la „Deep Star Six" und „Sirene 1", „ oder die 90er-Granaten „Prometheus – Das Experiment" und „Octalus – Deep Rising", erinnert fühlen (– einen nicht unerheblichen Anteil daran hat auch das großartige, düsteratmosphärische Bohrinsel-Setting). Alles natürlich auf höchstem Niveau, wie man es von einem südkoreanischen Blockbuster erwartet. Handlungstechnisch muss man sich etwas gedulden bis alles richtig in die Gänge kommt, dafür wird man dann aber ab der zweiten Hälft mit konstant steigenden Tempo, einem wunderbar animieren Monster, einer heißen Heldin und einem langen furios in Szene gesetzten Finale belohnt.

Fazit: Trotz neuster Effekte, ein angenehm altmodisches Monsterspektakel auf höchstem Niveau!
9 von 10 Punkte

DIE 3D-BLU-RAY: In der dritten Dimension ist „Sector 7" eine eher zwiespältige Angelegenheit. Wird man in der Anfangssequenz von Pop-Outs regelrecht erschlagen und bekommt wirklich den Eindruck sich unter Wasser zu befinden, bekommt man danach eine ganze Weile Nichts mehr geboten; außer einer netten, wenn aber auch nicht beeindruckenden, Tiefenwirkung.

Zwar geht's zum Finale hin wieder aufwärts, doch echte Effekte, die einem aus dem Sessel hauen, bleiben aus. Vor allen Dingen aber bleiben die Pop-Outs auch an Stellen aus, wo gerade Objekte eigentlich direkt in die Kamera gerichtet sind, und daher richtig dazu einladen aus dem TV zu ragen. Referenz sieht anders aus.

So, wirkt Südkoreas erster großer 3D-Film dann gerade mal, wie eine bessere Konvertierung. Vergleichbar mit „Piranha 3D". Fairer Weise muss man aber sagen, dass das Bild konstant sehr gut ist und sowohl Bildrauschen und als auch Ghosting sich zu keiner Zeit bemerkbar machten. Alles im Allen, brauchbarer, etwas enttäuschender Durchschnitt.
6 von 10 Punkte.

LOST AND FOUND(FOOTAGE)
Horror als Videobeweis.

ALIEN ORIGIN

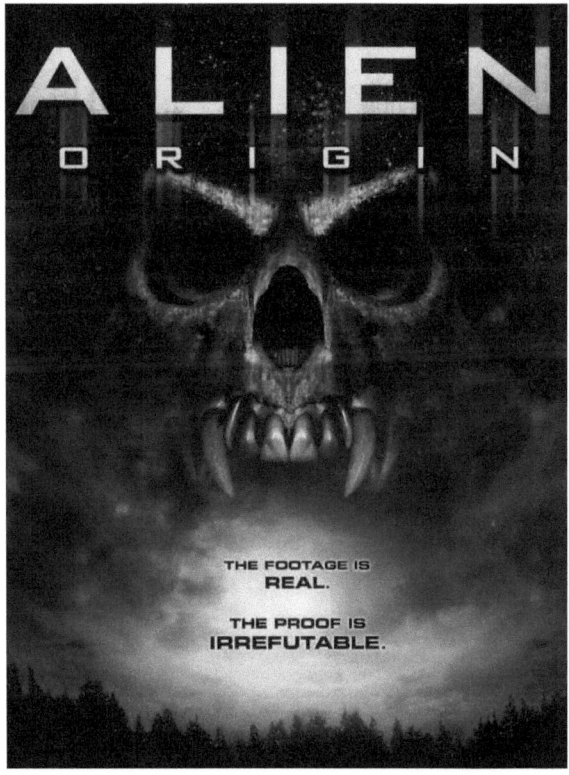

„Ein Film zusammengestellt, aus gefunden Aufnahmen einer verschollenen Militär-Expedition, welcher den Ursprung des Lebens auf der Erde erklärt." – Das ist der kurz gefasste Klappentext, welcher den Film umschreiben soll und natürlich nur rein zufällig Ähnlichkeiten zu „Prometheus" erkennen lässt.

Tatsächlich geht's um eine Bande Doku-Filmer, die sich einer Militäreinheit irgendeines südamerikanischen Landes (welches habe ich vergessen - ist auch egal) für einen lustigen Spaziergang durch den Dschungel anschließen und auf Aliens treffen...

KRITK: Found-Footage by the Asylum, die Erste.) Ooooohaaaaaa, ganz gefährlich! Wenn man die Worte Found-Footage und „The Asylum" in einem Satz hört, sollte man Normalerweise rennen, als wäre das Cloverfield-Monster persönlich hinter einem her.

Und auch mir fährt noch ein kalter Schauer durch die Eingeweide, wenn ich an das letzte Mal denke, als ich es mit dieser gottlosen Kombination zu tun bekam. Die Rede ist von Asylums „Monster", einem Film der durch die Mischung aus verwackelten Bildern und monotoner Sirenenberauschung tatsächlich physischen Schmerz und Gleichgewichtsstörungen hervorruft.

Ohne Scheiß, „Monster" ist das filmische Pendant zu Waterboarding!

Hier jedenfalls, wollten unsere Friendos aus der Irrenanstalt ein Bisschen an „Prometheus" mitverdienen und produzierten einen Film bei dessen Titel man sofort an Scott´s „Alien"-Prequel denken musste.

Und so sehr ich auf diesen Film hier gern verzichtet hätte, irgend Jemand muss diesen Müll ja begutachten, und besser es ist der liebe Onkel Andreas.

Zumindest hat es diesmal nicht sonderlich wehgetan. Denn „Alien Origin" von the Asylum Stamm-Regisseur Mark Atkins („Battle of Los Angeles", „Princess of Mars") ist weniger ein Brechmittel, denn mehr eine Schlaftablette (tatsächlich habe ich, beim ersten Anlauf den Film zu gucken, nach knapp 30 Minuten wie ein besoffenes Klammeräffchen geschlafen).

Im Grunde wird 80% des Films sinnlos durch den Dschungel gewatschelt, zwischendurch mal ein verzerrter Videobeweis der einer Vorgängerexpedition und einem Taucher samt Boot (!) gefunden, und schließlich schafft man es dann das gänzlich unbewachte (!) Raumschiff der grauen Freunde zu finden, es zu betreten (sieht von Innen aus, wie eine Molkerei bei Nacht) und einen Alien-Schädel zu klauen, der da so einfach rumliegt.

Das schließlich pisst die extraterrestrischen Nicht-So-Friendos ordentlich an; weshalb diese auf die letzten Minuten ein Feuerwerk veranstalten. Und Feuerwerk ist hier wörtlich zu nehmen. Denn statt vaporisierenden Killer-Laser-Strahlen, werden die Soldaten mit echten Silvester-Raketen beballert – was dann auch entsprechend lächerlich aussieht, weil man doch meinen dürfte, dass Alien-Waffen zumindest gerade aus schießen können.

Schlussendlich sterben dann wohl alle am Schrecken über das Low-Tech der Aliens (denn man sieht immer nur die Leichen und nie wie jemand getroffen wird) und der lahme Quark ist vorbei.

Das wäre noch nicht mal so schlimm (mal davon abgesehen, dass man seine Zeit für diesen Sinnlosen Quark verschwendet hat), wenn sich der findige Effekt-Meister von The Asylum (und hier kommen Erinnerungen an „Monster" auf) nicht gedacht hätte, dass er die Billigen-CGIs doch mit spontanen Bidlrauschen und Verzerrungen kaschieren könnte.

So sind die Kameras dann auch jedes Mal kurz vor dem Abkacken, wenn sie auch nur Ansatzweise, auf einen der Aliens gerichtet werden – was übrigens nicht verhindert, dass man die Flugobjekte trotzdem klar als klobigen Billig-CGI identifizien kann.

FAZIT: Obwohl man diesen sinnbefreiten Müll, sogar gucken kann, ohne dass einem die Synapsen kollabieren, sei dringend davon abzuraten. Man kann seine Zeit deutlich besser und spannender nutzen, mit einem Spaziergang durch den Wald, Puzzeln, Rentnern den Filmausweider vorlesen, oder der Freundin die Achseln rasieren.
 2 von 10 Punkte.

PROGNOSE: Klarer FSK:ab12-Titel.

AREA 407

Silvester über den Wolken! Im Passagierjet wird Sekt zur trötigen Musik ausgeschenkt, die Stewardess verteilt bunten Kopfschmuck und die Kamera der süß-putzigen Trish nimmt auf, wie selbst die so grimmige große Schwester mal etwas mitfeiert.

Doch die ausgelassene Stimmung findet schnell ihr jähes Ende, als es im Flugzeugt zuerst (sprichwörtlich) turbulent wird, und dann steil in den Sturzflug geht.

Der Absturz fordert viele Tote und lässt nur eine Handvoll Überlebender übrig. Diese finden sich nun auf unbekannten Gebiet mitten in der Pampa wieder.

Und wären nicht schon der Schock und der fette Querulant Charlie, der für Terror sorgt, muss die Zwangsgemeinschafft schon bald feststellen, dass irgendwelche seltsamen Raubtiere in der Dunkelheit lauern und die Jagd bereits eröffnet habe.

KRITIK: Hier haben wir einen der etwas besseren Found-Footage-Streifen.

Das liegt vor allen Dingen an zwei Dingen. Zum Einem hat sich der Autor, nach bester Katastrophenfilm-Manier sichtbar Mühe gegeben möglichst viele sympathische Charaktere einzubauen, die zudem auch noch mit ordentlichen, wenn auch eher unbekannten Schauspielern besetzt wurden. Diese sind zwar etwas Schablonenhaft geraten, doch zum Mitfiebern (oder zumindest für ein gewisses Interesse, was aus ihnen wird) reicht es allemal.

Ironischerweise dürfte aber vor allen Dingen TV-Darsteller Brendan Patrick Connor (viele Mini-Rollen u.a in „Desperate Housewives", „True Blood", „How i meet your Mother") in Erinnerung bleiben. Sein Charakter Charlie ist derart penetrant und unausstehlich, dass man am liebsten selbst in den TV springen und ihm die fette Gurgel umdrehen will – schafft es dann aber doch zu überraschen.

Zum Zweiten ist die Inszenierung des Regie-duos Dale Fabrigar und Everette Wallin (beides Spielfilm-Debütanten, Wallin ist auch eher in

TV Serien wie „Deadwood" und „The Newsroom" beheimatet) sehr solide und ansehnlich geraten. Das Chaos nach dem Absturz ist wirklich schön und verstörend in Szene gesetzt und die Kamera fängt alles gut ein, und wirklich schlimmes Geruckel gibt's nur in den dazu passenden Szenen. Insofern ist die Inszenierung auf guten Niveau (vergleichbar mit „REC", oder „Troll Hunter") und besonders die erste Hälfte baut anständig Spannung auf...

Doch jetzt, das alles niederschmetternde ABER: „Area 407" mag zwar einer der besseren Found-Footage-Filme sein, wirklich „richtig"gut, ist er dann leider doch nicht.

Denn ab der zweiten Hälft wird das Ganze dann immer enttäuschender. Nicht nur, dass die Überlebenden trotz scheinbar sichererer Schlupfwinkel immer wieder ins Freie gehen um nach dem 10-kleine-Negerlein-Prinzip ins

Gras zu beißen, vor allen Dingen aus der eigentlich sehr angenehm trashige Idee mit den Monstern hätte man sehr viel mehr raus holen können.

Denn obwohl man schnell eine sehr deutlichen Anhaltspunkt bekommt worum es sich handelt (und der eingefleischte Horrorfan es sofort erheitert weiß), bekommt man die Auflösung wirklich erst auf die letzten Sekunden geboten; was wiederum dazu führt, dass der Film auch härte- und besonders goretechnisch kaum Etwas zu bieten hat. Fast alle Opfer werden einfach abrupt aus dem Bild gezerrt und tauchen (wenn überhaupt) als blutüberströmte Leichen auf – da hilft auch das wirklich fiese Ende nichts.

FAZIT: Leider geht dem Film nach einem wirklich guten Start, nach und nach, die Puste aus. Die gute Idee und ein fieses Ende, reichen allein nicht aus. So bleibt Letztlich nur etwas besserer Duschschnitt. **06 von 10 Punkte.**

PROGNOSE: Sehr wahrscheinlich FSK:ab16

EVIDENCE

DER FILM: Möchtegern-Filmemacher Ryan macht sich mit Freundin und einem weiteren Pärchen in die Wildnis auf um den künftigen Blockbuster übers „Campen" zu drehen. Zwar fängt alles noch ganz lustig an, doch nachdem schon in der ersten Nacht komische Laute aus den Wäldern kommen und Ryan trotzdem darauf besteht, zum Wohl seines Films, den Ausflug nicht abzubrechen, setzen die ersten Spannungen in der Gruppe ein. Richtig problematisch wird es aber, nachdem in der zweiten Nacht der gemietete Wohnwagen demoliert wird, und eine Flucht aus dem Wald immer schwieriger wird. Doch damit hat der richtige Alptraum erst begonnen.

KRITIK:

OK, wir haben ein paar eher doofe Durchschnitts-Mittzwanziger (zwei lecker Mädels inklusive), wir haben nen unsympathischen Volldeppen hinter der Kamera, irgendwelche Gorilla-artigen Viechers, die gänzlich unsichtbar im Dickicht lauern und alles erinnert irgendwie an „Blair Witch Project" ohne die unheimliche Hexen-Geschichte. - Also ab in die Tonne mit dem Schrott.
Nein, so leicht ist die Sache dann doch nicht. Denn oben Beschriebenes ist nur (wortwörtlich) die halbe Wahrheit.

Denn wer die erste (unglaublich banale und eher öde) Hälfte des Films übersteht, den erwartet ab der Mitte sich konstant steigernder Horror-Wahnsinn, dass einem Hören und Sehen vergeht und man sich nur noch fragt, was den der Drehbuchautor geraucht hat (und wo man es her bekommt).

Und wer sich die Überraschung nicht versauen lassen möchte, der sollte an dieser Stelle zum Fazit überspringen.

Nachdem man 45 Minuten überstanden hat, fängt es zunächst an spannender und blutiger (aber auch Kamera-technisch viel hektischer) zu werden und was dann im letzten Drittel folgt ist dann eine Wundertüte des Irrsinns. Gorillamonster, ballernde Militärs, Gasmasken-Zombies und ein Schuss deftigen Gore lassen dem unvorbereiteten Zuschauer ungläubig die Fressleiste runterklappen.
Wahnsinn!

Das Ganze ist dann auch mehr als ordentlich getrickst und sehr intensiv in Szene gesetzt und bei den Gore-Szenen wurde auch (von einer geschickt animierten Kopf-Explosion abgesehen) auf gute alte Handarbeit gesetzt. Aber! (Und deshalb die eher niedrige Wertung) Man muss schon extrem Schwindelfrei sein, um das Ganze auch genießen zu können. Denn, um Authentizität bemüht, wackelt und rauscht das Bild bis zum Abspann in einer Tour; was wirklich nicht jedermanns Sache sein dürfte.

Fazit: Was als langweiliger 08/15-Found-Footage anfängt steigert sich ab der zweiten Hälfte zum absoluten Horror-Mayhem. Man muss es gesehen haben, um zu glauben, was da abgeht! (...und extrem Wackel-Kamera resistent sein). **07 von 10 Punkte.**

PROGNOSE: Dürfte ein klarer FSK:ab18-Kandidat sein.

100 GHOST STREET
THE RETURN OF RICHARD SPECK

Ein mutiges, junges Film-Team will eine Doku über den Massenmörder Richard Speck drehen, der in einem Schwesternwohnheim 1966 in neun Schwesternschülerinnen ermordete. Dazu suchen sie Nachts das besagte Wohnheim auf und lassen sich dort sogar drin einschließen. Ein großer Fehler. Denn Speck ist back, und freut sich über neue Opfer.

KRITIK:

Found-Footage und Geisterhorror by The Asylum, die Zweite!
Überraschung! Überraschung! Nachdem ich in dem bereits vorher besprochenen „The Asylum"-Filmen dieser Ausgabe mehr als genug gelitten habe (stellvertretend meine Leber und Hirnzellen), waren meiner Erwartungen für „100 Ghost Street" alles andere positiver Natur, und der Gedanke darüber dieses Filmchen einfach für die Nächste Ausgabe auf- bzw. abzuschieben, sehr verlockend.

Aber wie es so schön heißt, kommt es Erstens, anders, und Zweitens, als man denkt. Denn erfreulicher Weise, kann man dieses mitunter frischeste Asylum-Werk zu den deutlich besseren Filmen der Trash-Schmiede zählen.

OK, als GUT kann man „100 Ghost Street" nur bedingt bezeichnen, dafür gibt's dann Drehbuchbedingt wieder einige unübersehbare Schwächen, aber insgesamt hinterließ er einen zumindest soliden Eindruck und konnte über die volle Länge unterhalten.

Zunächst aber sei hier gesagt, dass es sich bei Specks Rückkehr nicht wirklich um einen typischen Geisterhorror handelt, sondern eher um einen klassischen Slasher mit einem übersinnlichen bzw. schlicht unsichtbaren Killer.

Dieser meuchelt hier, munter über den Film verteilt, das jeweilige Mitglied der Gruppe, das doof genug war, eigener Wege im Spukhaus zu gehen, bis der Rest schließlich im letzten Drittel kapiert, dass etwas nicht mit rechten Dingen vor sich geht und die ersten Leichen gefunden werden – was natürlich nicht verhindert, dass Speck trotzdem noch weiter metzeln kann.

Dabei geht es zuweilen überraschend rabiat zur Sache und auch günstige, aber geschickt eingesetzte Handmade-Effekte kommen zum Einsatz (besonders die zerstückelten Leichen sind schön anzusehen).

Auch die Inszenierung selbst ist für einen Found-Footage-Streifen, sehr angenehm umgesetzt worden. Da mehrere (auch fest installierte) Kameras zum Einsatz kommen und sich das Geruckel und Gewackel stark in Grenzen hält, bleibt der Film vom Anfang bis zum Ende gut schaubar. Auch die Schauspieler (wie gewohnt, Frischlinge) sind nicht gänzlich unbegabt, und zudem schauen die Mädels ganz lecker aus.

Einzig Ärgerlich (von ein zwei Längen mal abgesehen) sind mal wider die Drehbuchschwächen, wenn man wirklich jeden möglichen Vorwand nutzt um das nächste Opfer von der Gruppe zu trennen. Sei es auch nur, dass alle Schiss haben irgendwo hin zu gehen, und den doofen Helden vorschicken.

Auch drückt es auf die Spannung, wenn gleich zu Anfang des Films eine Schrifteinblendung verrät, dass keiner vom Filmteam jemals wieder gesehen wurde (Facepalm!).

FAZIT: Leidlich spannender und solider Geister-Slasher mit schön blutigen Morden, den man ruhig zu den besseren Asylum-Produktionen zählen darf.

HIER KÖNNTE IHRER WERBUNG STEHEN!

Melden sie sich bei uns unter: fornits-fornus@gmx.de

SYFY MONSTER MADNESS

Noch vor The Asylum (und ihrer Zusammenarbeit) waren sie die Spitzenreiter in Sachen käsiger Monsterhorror (und grottiger Billigkatstrophenfilme). Die kreativ-anspruchslosen Jungs und Mädels vom amerikanischen Cable-Sender Syfy (ehemals Sci-Fi-Channel) mit ihren Eigenproduktionen Made-for-Sci-fi (heutzutage Syfy Originals).
Doch auch jetzt haben sie so manchen Schmoncker in ihrer Hinterhand, der nur darauf wartet von euch entdeckt zu werden. Eine kleine Auswahl aktuellerer Missgeburten aus dem Schoß des amerikanischen Cable-Senders, nach der unser Redakteur Andreas Port erst mal in die (Alkohol-)Entzugsklinik musste.

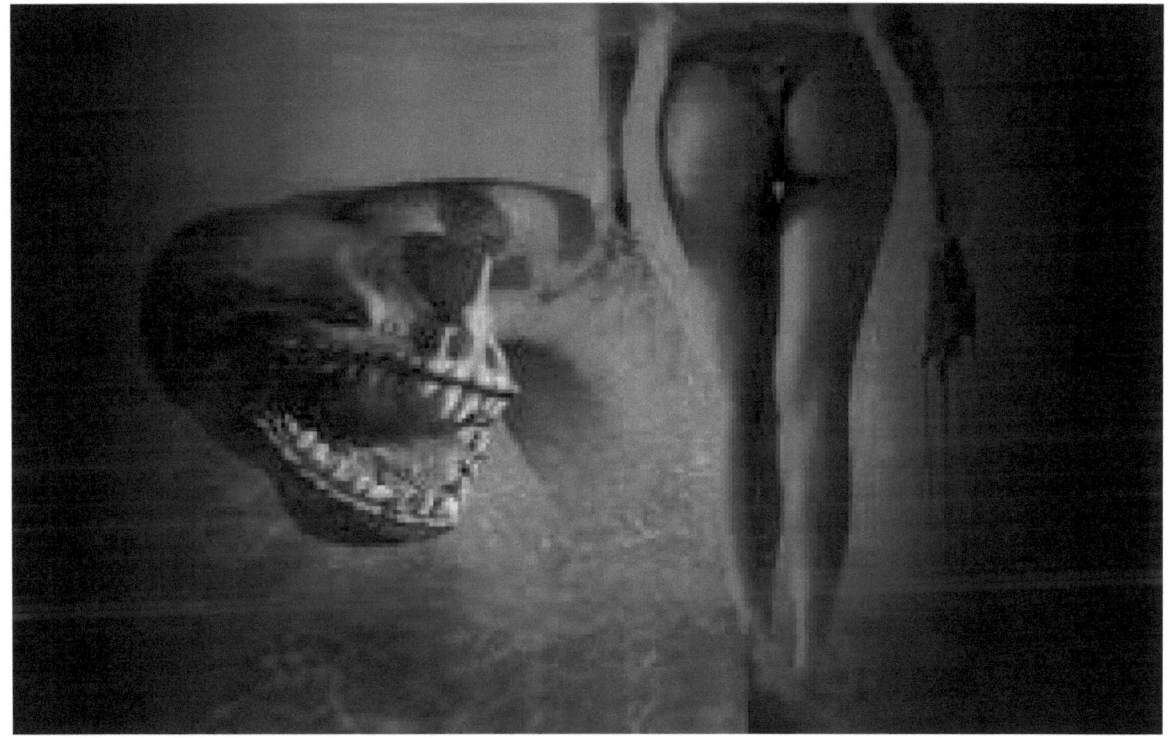

PIRANHACONDA

DER FILM: *Watch out! Watch out! Piiiiiranhaaacooondaaa!!!*
Es gibt mal wieder Ärger im Dschungel von Hawaii. Diesmal können aber selbst die rabiaten Jungs und Mädels von Five-O nix tun.
Denn ein Wissenschaftler mit Ahab-Komplex dringt mitten ins grün ein und klaut einer (wie es so mit Hundert-Meter-Monstern ist) unentdeckten Schlangenmissgeburt den Nachwuchs und muss zur Strafe sogleich den schwer bewaffneten Söldner, seiner pornomässige Kamerafrau und den Heli einbüßen. Und da selbst eine Monsterschlange einen Michael Madsen nur in den

Mund nähmen würde, wenn es unbedingt sein muss, gelingt dem frechen Eierdieb dann trotzdem die Flucht.

Aber auch nur um in die Gefangenschafft einer dicktittigen Gangsterbraut und dem Rest ihrer Gang zu geraten, welche gerade die Entführung einer B-Film-Crew planen und so meinen mit Lösegeld reich (?!) zu werden.

Während dessen schwärmen Mama- und der dazugekommene Papaschlange aus um den Nachwuchs zu finden und zerschreddern Alles und Jeden, der ihnen über den Weg läuft. Und das sind Einige...

KRITIK: Und wieder haben wir sie, die Unheilige Verbindung zwischen Roger Corman, Jim Wynorski und dem SYFY-Channel, welche diesmal zur unheiligen Verbindung zwischen Anaconda und Piranha führt; der Piranhaconda!

Nachdem ich mich schon für Ausgabe 1 dieses kulturell wertvollen Magazins durch den unsäglichen Hinschmelzer „Camel Spiders" saufen musste, standen dem entsprechend bereits zwei Paletten Red Bull und vier Fässer Jägermeister neben meinem urinfesten Fernsehsessel bevor ich den Fernseher anschmiss – schließlich ist Vorbereitung die halbe Miete. Und schon die Anfangsmusik, in der eine stimmbehinderte Braut, zur Surfer-Mucke, ein Lied über das Titelmonster ins Mikro grölte, ließ bereits mein Gewürzsäckchen runzelig werden und meine Kokosnüsse zu Rosinen zusammenschrumpfen. Dass dann plötzlich auch noch Michael Madsen´s Konterfei in Großaufnahme durch den LED schielte, ließ mich kurzzeitig vollends geschlechtslos werden - schließlich ist der Weg zur Hölle mit seinen DVD´s gepflastert!

ABER! Welch Wunder! „Pirnahaconda" ist tatsächlich sogar ein ganz spaßiges (fast schon gutes!) Filmchen geworden.

Zwar braucht man natürlich auch hier wieder einen gewissen Sinn für unverhohlene Trashigkeit; und man muss auch den Neokortex entsprechend neuverdrahten, aber dann kann das Trash-Vergnügen losgehen!

Die erste große Überraschung ist die Schlange und die Effekte im Allgemeinen.

Diese sind nämlich überraschend gut gelungen und sehr detailreich animiert worden.

Sei es die Piranhaconda, ein Hubschrauberabsturz, oder eine größere Explosion; zwar ist alles immer noch als CGI erkennbar für SYFY-Verhältnisse aber sehr gut und plastisch umgesetzt.

Bis auf eine Ausnahme! Und die trägt dann wiederum zur allgemeinen Belustigung bei. Nämlich folgt das CGI-Blut nicht dem Trend und wird des Öfteren als... Nebel dargestellt! Ernsthaft, da schnappt sich die Schlange gleich zu Anfang einen Kerl und plötzlich ist alles in Rot eingenebelt. Das muss man gesehen haben um es zu glauben!

Aber es gibt auch ein paar nette Handmade-Effekte. Auch wenn sich diese nur auf ein paar zurückbleibende Körperteile und verstümmelte Leichen beschränken.

Wo übrigens gerade von allgemeiner Belustigung die Rede war.

„Piranhaconda" würde großartig als Trinkspiel funktionieren – in dem Rhythmus in dem die Opfer weggefrühstückt werden, kann man sich locker einen Kurzen nach dem Anderen hinter die Binde schüttet.

Was die Opfer angeht, sind das auch meist sehr leckere Damen mit meist sehr großen Ti...Talenten , die immer wieder einfach mal in den Film eingeführt werden um ein paar Sekunden später ihre (TV-gerecht leider verhüllten) Tüten in die Linse zu halten und dann als Schlangenfutter vernascht zu werden.

Was die Darstellerauswahl galt hier übrigens auch eher das Augenfutter-Prinzip, bei dem Schauspielerisches Talent eher im Hintergrund stand. So sehen alle Ladys nach feuchten Traum aus und alle Herren haben (bis auf Madsen und so einen nerviger Spargeltarzan) dicke Mukis und breite Rücken. Immerhin kann man allen ansehen, dass sie mit Spaß dabei waren (haben sich wohl auf die Afterwork-Party gefreut).

Dazu kommen dann auch ein gutes Tempo eine abwechslungsreiche Handlung, herrlich hohle Sprüche und ein ordentlicher Schuss Action, der den Mangel an Logik und einen gelegentlich doch etwas zu gepflegt erscheinenden Dschungel (da war wohl ein Gärtner unterwegs) wett machen. Das sich dieser Quark ohnehin nicht besonders nimmt kommt auch noch dazu.

FAZIT: Das ist mal wieder cormanischer Trash der richtig Spaß macht. Gute Effekte, ein hohes Tempo und massenweise sexy Ladys lassen hier die Hose jedes Fans gepflegter Schundigkeit freudig aufgehen!
7 von 10 Punkte.

ARACHNOQUACKE

DER FILM: Die Erde hat gebebt und aus dem Inneren der Erde ein paar drollige Spinnen freigesetzt, die Feuer spucken können und gern auch mal (warum auch immer) aus fetten Eiterpickeln schlüpfen. Nachdem Diese zu Anfang sogleich einen Hillbilly-Hühnerficker in die Grube schicken, geht's weiter nach New Orleans. Dort lebt der Tourbus-Fahrer und Tunichtgut Paul „the big easy".

Sehr zum Wiederwillen seines Chefs und Vaters, der dem armen Bub immer wieder einredet etwas mehr Verantwortung zu übernehmen.

Und natürlich bekommt er diese auch. So hat er bald nicht nur eine bunt zusammengewürfelte Reisegruppe (zufällig ist auch eine Insektenexpertin dabei) an der Backe, sondern auch eine Spinnenapokalypse, und muss neben der Stadt auch noch seine saugeile Schwester im familiären Taucheranzug retten.

KRITIK: Machen wirs möglichst kurz: Es soll ja so erbärmliche Leute geben, die sich allein schon beim Anblick einer Spinne durch den Feinripp kacken (- an dieser Stelle Gruß an meine Ex). Diese werden auch hier blanken Terror erleben.

Alle anderen können über die eher putzig (schlecht) animierten und quickenden Monsterspinnen höchsten schmunzeln, und sich viel mehr über das debile Verhalten aller Beteiligten den Kopf zerbrechen, oder warum sich (Budget bedingt) in der Stadt trotz Spinneninvasion kaum Chaos breit macht und der Verkehr sauber weiter fließt.

ARACHNOQUAKE
THE WORLD WILL QUAKE IN FEAR

Als obligatorischen Gaststar hat es diesmal auch nur für den inzwischen sehr abgehalfterten und dicklichen Terminator-2-Messias Edward Furlong gereicht, der sich hier aber sogar noch ganz gut als treusorgender Familienvater und Zufallsheld durch eine Nebenhandlung schlägt. Einziger wirklicher Grund ist aber die in Hot-Pans wirklich leckerschmeckerige Olivia Hardt („Fantastic Movie", und in fielen Rollen in der IMDB als hot- oder sexy Girl gelistet), als heiße Schwester.

Sonst gibt es aber auch nicht mehr viele Schauwärt.

Von ein paar aufplatzenden Riesenpickeln mal abgesehen, verschwinden die meisten Opfer unter einer Spinne im unteren Bildrand – und das war´s.

Zwar legt der Film vom Anfang bis zum Ende einen Affenzahn hin und legt musikalisch nah, dass alles Witzig gemeint sein soll, doch a)hilft das nicht dagegen, dass schnell Langeweile auf kommt, und b) geht es hier dann konträr zu Musik doch deutlich zu ernst zu.

Fazit: Temporeicher, aber schnell öder werdender CGI-Spinnen-Horror auf durchschnittlichen TV-Niveau, dem es einfach an Budget und Ideen fehlt. **4,5 von 10 Punkte**

BIGFOOT

DER FILM: Der Mensch steht nicht mehr an der Spitze der Nahrungskette, denn Bigfoot ist auferstanden.

Dass jedenfalls versucht uns schon der Anfang dieses Herz zerreißenden Öko-Dramas in (symbolträchtiger Bebilderung frisch aus der Natur) weiß zu machen.

So frisst der Lachs den Frosch, der Bär den Lachs, der Jäger schießt den Bär... und schließlich taucht ein riesiger Brüllaffe auf und plättet wortwörtlich den Jäger.

Denn das grantige Erektus-Sonstwas wurde von den allzu lauten Vorbereitungen für ein bald anstehendes Wald-Konzert am Mount Rushmore aus seiner Höhle gelockt und ist nun kräftig angepisst und so macht er sich auf den Weg um mit seinen großen Füssen Alles und Jeden platt zu machen und Alice Cooper persönlich in die Stratosphäre zu kicken...

Aber Moment! Das ist noch nicht alles!

Schließlich steckt hinter dem Konzert ja der Radiomoderator/geldgieriger Unternehmer/Umweltsünder/ehemaliger Sänger Anderson (Rotschopf Danny Bonaduce aus „The Partridge Family"!) der sich sein persönliches Woodstock schon ungern vom ehemaligen Freund und jetzigen Hardcore-Umweltstreber und Widersacher Rini (Pudel-Birne Barry Williams aus der „Brady Family") nicht versauen lassen möchte. Dieser Tauch nämlich, samt treudoofen Öko-Schlampen-Harem, überall auf und kettet sich an irgendwas.

Und nachdem Bigfoot schließlich das Konzert crasht, ein paar Besucher vernascht, mit Dixi-Klos um sich wirft und schließlich den unerschrockenen Alice Cooper aus dem Bild kickt, wird das Verhältnis zwischen den Männern auch nicht besser.

Schließlich ist auch ein Wald-Affe ein Wesen der Natur und gehört von selbsternannten Umwelt-Messias Rini und seinen Natur-Bitches beschützt; sowohl vor der anrückenden Armee, aber besonders vor Anderson, der in dem pelzigen Hooligan eine künftige Touristen-Attraktion sieht und diesen in Ketten legen, oder ausstopfen möchte.

So bekriegen sich die Männer weiter um die Wette, wehrende die verzweifelte Polizistin (Sherilyn Fenn „Twin Peaks" – Ganz schön pummelig geworden, die Alte) die Leichen von den Bäumen kratzen kann…

KRITIK: Oh Mannnnnnn…

Und ein weiterer Trasher aus der SYFY-Originals-Reihe, der in Zusammenarbeit mit The Asylum entstand und jeder Beschreibung spottet, den geneigten Trash-Fan aber zumindest ein debiles Grinsen auf die Visage zaubert, bevor sich das Hirn durch Nase und Ohren aus dem Staub macht.

-	Continuity und Logik? Scheiß drauf!

Da wird eine komplette Holzfällertruppe aufgerieben, wobei den Meisten die Flucht gelingt, und noch immer hat keiner gecheckt was ab geht.

-	Effekte? Vom Wurstverkäufer um die Ecke am iBook erstellt.

Allein schon das Titelmonster ist so pampig animiert, dass man genauso gut irgend nen Hobo im Affenkostüm hätte ins Bild kopieren können. Das hätte dann auch wahrscheinlich vermieden, dass das Drecksvieh ständig ne andere Größe hat.

Und da der Streifen gerne ein bombastisches Effektfeuerwerk abliefern würde, das Geld aber nur für besagten Würstchenverkäufer gereicht hat, sind die Monster-Animationen auch nur ein Bruchteil dessen, was man hier an errechneter Anspruchslosigkeit vor die Linsen gerotzt bekommt.

Wobei man auch darüber streiten kann, wo der Sinn darin liegt ein schnell einparkendes Polizeiauto zu animieren.

-	Splatter und Härte? Bitte wo anders suchen!

Zwar geht hier fast jeder drauf und der arschige Affe, knabbert so manchem seiner Opfer den Kopf ab, als würde er nen Snickers essen, aber Blut gibt's eigentlich nur in zwei Szenen mit ein paar Leichen und einer Erschießung zu sehen. Und da man hier ohnehin nichts ernst nehmen kann, gibt es auch keine spürbaren Härten.

-	Kreativität? Kreativ zusammengeklaut.

Es gibt hier rein gar nichts, was dem Film irgendein Alleinstellungsmerkmal verschaffen könnte. Alles hat man schon in vergleichbaren (und meist besseren) Filmen gesehen, und selbst die eigentlich witzige Neben(haupt)handlung mit den sich bekriegenden Streithähnen wurde, fast 1:1 von dem deutlich spaßigeren „Mega-Python vs Gateroid" übernommen, bis hin zur ironischen Gedenkstatur als Ausklangbild.

Vielleicht einzig wirklich lobenswärt ist, dass es in dem Film keinen einzigen Teen zu sehen gibt Und zumindest sorgt ein hohes Tempo dafür, dass der Film über die vollen 85 Minuten zu keinem Augenblick langweilig wird.

Fazit: Behämmerter Monsterunfug mit einem scheußlich animierten Riesenaffen, der sich aber glücklicherweise kein Stück ernst nimmt und deshalb auch noch unter den richtigen Voraussetzungen Spaß macht. **5 von 10 Punkte.**

ROADKILL

DER FILM: Sechs Freunde, Anfang-Mitte 20, machen sich im Wohnwagen auf einen Roadtrip durch die irische Pampa um ein bisschen auszuspannen.

Bei einem Zwischenstopp auf einer Tankstelle verknallt sich allerdings eines der Mädels in das Medaillon des Oberhaupts des ortsansässige Zigeunerclans und versucht ihm das Teil abzukaufen. Nach schwierigen Verhandlungen wandert dann doch ein Batzen Euros über in die schmutzige Pfote des Schmierigen Kerlchens.

Dieser denkt aber nicht daran, das kostbare Gut auszuhändigen und die Kohle scheint auch futsch zu sein.

Da springt Gruppen-Trottel Chuck in die Bresche und stibitz den Halsschmuck.

Doch bei der Flucht geht ordentlich was schief und wegen Unachtsamkeit endet die narbengesichtige Zigeuner-Oma als Kühlerfigur.

Diese spricht dann auch noch, mit den letzten Atemzügen, einen Fluch gegen die Gruppe aus und alle werden von nun an dünner...

Ne, Moment! Falscher Film...

...von nun an haben die Sechs in ihrem rasenden Sarg einen klobig animierten Riesengeier an den Backen kleben, der seinen Opfern gern ordentlich das Gesicht zerhackfleischt, bevor er sie in sein Nest schafft.

Und der Zigeunerclan will ja auch noch das Medaillon zurück und Rache.

KRITIK: Ha! Und wieder ein Syfy-Original, das zu überraschen weis.

Obwohl der Streifen recht lahm mit einen Haufen nervender (nicht besonders heller) Tweens auf Reisen beginnt, entwickelt sich der Streifen, trotz unsympathischer Charaktere zu einem flotten und (dank der kargen Landschaften) recht atmosphärischen Monsterhorror-Backwood-Mix, der neben fieser Gangart besonders durch einige sehr derbe geratene Make-Up-Effekte überrascht. Das Ganze ist zwar trotzdem eher hohler Natur und der Killervogel schlecht animiert, aber dafür kurzweilig und sehr unterhaltsam.

FAZIT: Erstaunlich atmosphärischer und gelungener Monster-Backwood-Mix , bei dem selbst der CGI-Geier nicht sonderlich stört. Einen Blick wert! **6 von 10 Punkte**

PORGNOSE: Ab dem 31. August ungeschnitten mit FSK:ab16 im Handel.

DER FILM: An der Küste von New Jersey finden Bohrungen statt. Diese Locken mit ihren Vibrationen einen Haufen mies gelaunter (und schlecht animierter) weißer Haie aus den Tiefen des Ozeans. Diese machen sich dann sofort dran jeden zu fressen, der nicht bei Drei aus dem Wasser ist. Leider bekommen das weder Polizei, noch sonst jemand von Interesse, mit. Einzig der etwas simpel gestrickte „Complication" und seine Clique ahnen, dass wohl Haie hinter dem Verschwinden eines Freundes stecken und nehmen mit Feuerwerkskörpern bewaffnet den Kauf gegen die weiße Brut auf...

KRITIK UND FAZIT: Idioten sind sympathisch und beliebt – was vornehmlich auch daran liegt, dass sie knapp 90% der Menschheit ausmachen (Gleich und Gleich gesellt sich eben gern) und den verbleibendend 10% zur Belustigung und Ausbeutung dienen.
Kein Wunder also, dass das MTV-Reality-Format „Jersey Shore", welches an Niveaulosigkeit (allerdings auch an Unterhaltungswärt) selbst jeden RTL2-Hirnzellen-Holocaust in den Schatten stellt, sich weltweit einer enormen Beliebtheit erfreut.
Da verwundert es auch nicht groß, dass ein findiger Glotzkopf bei Syfy sich dachte „Hey, daraus können wir doch einen geilen Billig-Hai-Film machen. Wer das schon glotz, der frisst auch wirklich jede Scheiße".
Jedenfalls würde diese Aussage zumindest den ersten Dämpfer erklären, den der anspruchslose Scheißefresser/Zuschauer hinnähmen muss.
Denn hier bekommt man die Haie schon gleich in den ersten Minute zu bestaunen und man kommt auch wirklich ins Staunen, wie abartig schlecht diese Animiert sind. Wem die hässlichen

Killer-Guppys aus dem unterirdischen „Malibu Shark Attack" vertraut sind, weiß jetzt schon, dass die Animationen selbst noch unter Asylum-Niveau liegen und dürfte bei „Jersey Shore Shark Atttack" sofort mit Frösteln feststellen „We need a bigger Beer!".

Nun ist es jetzt aber so, dass man bei einem „SYFY Original" ja grundsätzlich immer schlechte CGI´s in Kauf nehmen muss, und der Film trotz Dieser gut werden kann (siehe „Roadkill").

Das ist hier nun auch nicht unbedingt der Fall; aber es gibt deutlich schlechtere Begleitfilme zum fröhlichen Leberabtöten mit Gerstensaft.

Doch kommen wir zunächst zum zweiten Dämpfer (- zumindest für Diejenigen, die sich im Vornherein nicht ausreichend informiert haben): Wer hier nun erwartet seine Lieblings-Deppen aus „Jersey Shore" in feinster Hai-Action zu erleben, der wird enttäuscht. Von der originalen Besetzung scheint hier einzig Jenni (JWOWW) Farley gleich am Anfang als Fischfutter ab- und nicht mehr aufzutauchen. (Wobei sich der Rezensent hier aber nicht 100% sicher ist, a) kein Fan, b) wird sie nicht in der IMDB gelistet und c) der Alk meine Erinnerungen vernebelt hat.) Jedenfalls sind alle im Film vorhandenen Charaktere mit guten Imitatoren und sehr ähnlichen Rollennamen besetzt worden. So wurde aus „Situation" „Complaction", aus „Snookie" „Nookie" und so weiter und so fort.

Die Schauspieler wurden gut besetzt, sind mit Spaß dabei und haben keine großen Probleme sich (sagen wir mal) Dumm zu stellen. Außerdem ist Nookie-Darstellerin Melissa Molinaro („The Hillz", „Honey 2") ein echtes Eyecandy.

Darüber hinaus glänzen besonders die Nebenrollen, durch eine erstaunlich prominente Beset-zung. Neben dem (wie immer) sympathischen Jack Scalia (u.a. „Dark Breed", „Tequila und Bo-netti") und einem Kurzauftritt von N´Sync´s Joey Fatone (als Hai-Happen), sind auch Paul Sor-vino („Goodfellas", „Romeo + Julia") William Atherton („Stirb Langsam" „The Crow: Salvation") und Grauschläfengangster Tony „Paulie" Sirico („Sopranos") mit von der Partie und wärten den Film anständig auf.

Ebenso auch einige überraschen heftige (CGI-freie) Splattereinlagen, mit Blutfontänen, die man so eigentlich eher im Japan-Trash bestaunen kann.

Doch auch das ändert nichts daran, dass man hier mal wieder jede Logik über Bort geworfen hat und es im Mittelteil ein paar Längen zu verzeichnen gibt.

Da sich der Film aber ohnehin als Komödie sieht, wird zumindest der Trash-Allesgucker ganz gut unterhalten.

Fazit: CGI-Hai-Horror jenseits von Gut und Böse, der neben seiner unverhohlener Doofheit vor allen Dingen mit einigen deftigen (handmade) Splattereinlagen zu überraschen weiß. Bierdosenfilm!
5 von 10 Punkte.

ALIEN –
DIE SAAT DES GRAUENS KEHRT ZURÜCK

Oha, eine NASA-Kapsel kehrt auf den blau-
en Planeten zurück!

Wäre sonst noch uninteressanter als Frau-
enfußball, diesmal passiert es aber irgendwo direkt vor der Küste von Kalifornien,
weshalb sich die Medien dann doch dazu
genötigt fühlen die ganze Zeit über das olle
Spektakel zu berichten (wunderschön mit
ranzigen original Archiv-Material bebildert).
Da Weltall und Geologie so gut zusammen-
passen (mehr als Steine gibt's da oben ja
eh nicht) wird die Geologin Thelma Joyce
zur Tageschau (oder so) eingeladen und
bekommt die Gelegenheit darüber zu be-
richte, dass sie und ihr Team noch am sel-
ben Tag eine mega-spannende Höhlenexpedition antreten werden, kann aber nicht
weiter ins Detail gehen, weil sie plötzlich
ein Gefühl überkommt (nehmen wir mal an,
dass es ein Böses ist), weshalb der Auftritt
abgebrochen werden muss. Die Erklärung
kommt sogleich von ihrem Kollegen und
Stecher (Name entfallen), der den Fernseh-
leuten verklickert, dass die Frau nicht nur
ne heiße Forscherin ist, sondern auch me-
diale Begabungen hat und „Dinge" spüren
kann.

Später am Strand (Warum ist mir entfallen)
überkommt sie wieder das Gefühl.

Und hier taucht auch schon das (die) Alien(s)
erstmals auf. Denn Das (und seine Artgenossen) befindet sich bereits auf der Erde und hat
sich als blaues (gelegentlich pochendes) Stein-
zeug getarnt über den Kontinent (wahrscheinlich den ganzen Planeten) verteilt. Und damit
es nicht langweilig wird, bekommt erst mal ein

kleines Mädchen, gänzlich unbemerkt, eine
Hackfresse spendiert.

Da unsere scharfe Medium-
Geologin/Höhlenforscherin das nicht mitbe-
kommen hat, geht der Tag erst mal ganz normal weiter.

Und so geht es in den feschen Kegel-Club zum
Treffen mit dem Rest ihres Teams und nach

feschen Schnack und Geblödel wird Richtung Tropfsteinhöhle (wo die restlichen zwei Drittel des Films stattfinden) weitergewandert. Zwischendurch wird über die Medien (Radio, glaube ich) gemeldet, dass die NASA-Kapsel ohne Besatzung aus dem Meer gefischt wurde...

OK, kürzen wir die Sache mal ab:

...Jedenfalls sammelt einer der geologischen Knallköppe beim Strullern einen der blaue Steine ein (Selbiger Idiot schleppt übrigens eine Schreibmaschine in die Höhlen um beim Kerzenschein an seinem Roman zu tüfteln – ist ja egal, dass so ein Teil damals locker 10 Kilo gewogen hat) und nimmt ihn mit in die Höhle, wo das Alien (das übrigens nicht mehr, als ein aus frischen Schinken/oder Kotelett zurechtgeschnetzelter Tentakel ist) grabscht sich einen Forscher nach dem Anderen, nistet sich kurz ein und richtet beim rauskommen viel Sauerei an.

Und am Ende müssen dann die Überlebenden auch noch feststellen, dass in der Zwischenzeit (Ätsch!) die Welt unter gegangen ist!

KRITIK: Das ist sie! Die einzig wahre Fortsetzung zu Ridley Scott´s „Alien" – zumindest in Italien.

Denn die Römer waren von dem Kult-Klassiker so begeistert, dass sie nicht daran dachten, darauf zu warten bis James Cameron in die Pötte kam, sondern ließen anno 1980 Regisseur Ciro Ippolito (Annie Belle - Zur Liebe geboren) sein (landes-)eigenes Sequel zurecht zimmern – „Alien 2 - Sulla Terra" (also „On Earth"!).

Ja, dieser ranzige Schmoncker wurde in Italien und einigen anderen Ländern tatsächlich als Fortsetzung zu Scott´s Film in den Kinos ausgewertet. Sozusagen also einer der Ur-Väter der Mockbuster.

Im Italien der 80er allerdings bei weitem keine Seltenheit – Schließlich gab es auch „Terminator 2" (eigentlich eher ein dreistes „Aliens-Remake" von Bruno Mattai) und „Zombi(e)(s) 2" dort schon lange bevor in den USA überhaupt nur an eine Fortsetzung gedacht wurde – doch das nur so am Rande.

Jedenfalls bietet, dass was früher für so manch unvorbereiteten Konsumenten sicher ein Ärgernis darstellte, für den heutigen Nostalgiker und Fan italienischer Schundfilmchen ein heiter blutiges Vergnügen voll unfreiwilligen Humors und einen guten Anlass sich mal wieder ein paar Bier in den Kreislauf zu jagen.

Dialoge der Marke Hirnzellen-Massenvernichtungswaffen, eine Höhlenexpedition gegen das eine Klassenfahrt der Hauptschule Koppeldamm wie eine hoch disziplierte Marsexpedition wirkt, ein Final-Girl dass Nichts kann ßer hysterisch zu

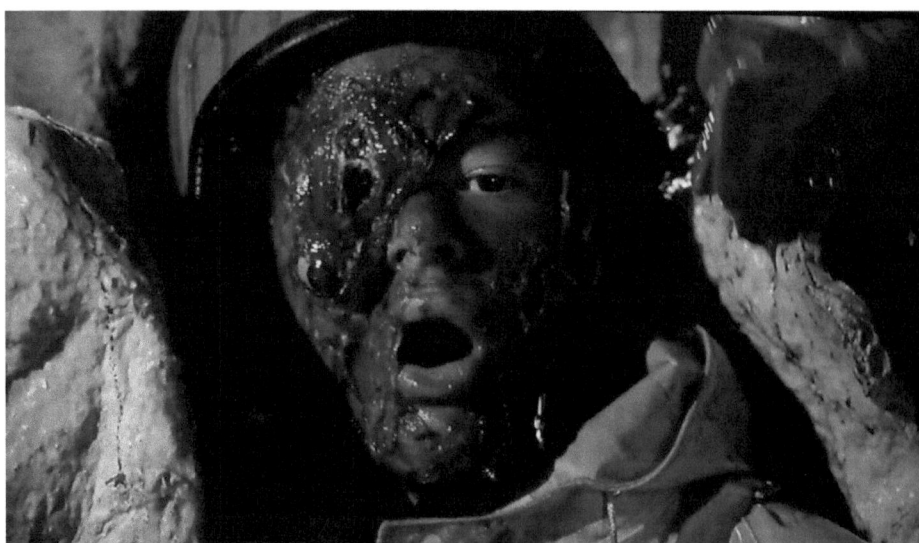

wimmern, oder über ihre paranormalen Eingebungen zu philosophieren, Allgemein nur Deppen, die sich trotz lauernder Aliens und Verlusten bewusst aufteilen, und eine Handlung die allgemein (dezent Ausgedrückt) nicht sonderlich durchdacht erscheint - All diese Punkte also die nur Leute gut finden können, die so fertig mit der Welt sind, dass sie sich freiwillig Trash-Fans schimpfen.

Aber es gehört ja immer noch ein kleines Bisschen mehr dazu, als nur schlecht zu sein, um als Trashfilm auch richtig gut zu sein.

Und hier kommt, das zu Tage, was man als Fan gerade am Italienischen Kino so sehr zu schätzen weiß. Denn egal wie schnell und billig die Produktionen damals abgedreht wurden und auf die Kinoleinwand gerotzt wurden, die Beteiligten waren echte Profis und Künstler.

So sehr Inhaltlich hier gar nichts stimmen will, inszenatorisch hat man aus den bescheidenen Mitteln das Beste aus diesem Schnellschuss herausgeholt.

Kameraführung, Belichtung und Musik befinden sich auf guten B-Movie-Niveau und besonders der eindringliche Synthie-Score sorgen für eine angenehm düstere und schundig-dreckige Atmosphäre.

Den Schauspielern kann man auch für Nichts böse sein, die spielen durchaus kompetent vor sich hin und können natürlich nichts für das Drehbuch und die bescheuerten Dialoge.

Und zuletzt wird das Ganze dann noch mit einem ordentlichen Schuss einfacher, aber dafür überaus effektiver und blutrünstiger Splattereinlagen abgerundet. Da werden ein paar Visagen wegefetzt, es gibt ne schicke Kopf-Explosion, in einer anderen Szene tritt das Alien auch direkt aus dem Auge (samt Augapfel) heraus und eine schicke Enthauptung gibt's auch – und das Alles in langsamen Einstellungen bei denen die Kamera voll drauf hält, ohne schnelle Schnitte. Die meisten der Szenen gibt's übrigens in diversen Trailern bei Youtube zu bewundern, welche auch sonst einen sehr genauen Eindruck vom Rest des Films vermitteln – einzig der deutsche Trailer ist stark abgedunkelt:

FAZIT: Wunderbar schundiger und hohle Alien-Rip-Off, der neben seinen (freiwilligen-)humoristischen Qualitäten, auch durch Inszenierung, Atmosphäre und saftigen Gore überzeugt.
7 von 10 Punkte

SITUATION IN DEUTSCHLAND:
Obwohl der Film heutzutage locker eine FSK:ab16-Freigabe bekommen würde (man denke da an „Das Ding aus einer anderen Welt"), fristet er hierzulande immer noch ein Dasein auf dem Index. Auf DVD (und neuerdings auch Blu Ray) gibt es ihn daher offiziell nur „juristisch geprüft" von CMV, dafür aber auch in hervorragender Bild und Ton-Qualität.
Eine geschnittene ab16-Fassung ist am 12.07.12 erschienen.
PS: Ein echter Hammer ist übrigens die alte deutsche 16er-Kaufhaus-VHS. Auf dieser wird nicht nur ein riesiges Raumschiff und ein futuristisch verkleideter Warrior mit Flammenwerfer und Baby(!) im Arm gezeigt und eine gänzlich andere Handlung beschrieben; man hat es auch allen Ernstes geschafft, das Alien (bis auf ein paar First-Person-Einstellungen am Ende) gänzlich aus dem Film zu schneiden!
Nada! Nüschts! Niente! Sobald sich auch nur Ansatzweise das Erscheinen des Killer-Koteletts andeutet, wurde mit der Kettensäge in die Filmrolle gehauen.
Da verschwinden plötzlich alle Beteiligten nach einander spurlos aus dem Film, ohne dass der Zuschauer einen Plan hat, was überhaupt los ist, und warum die verbliebenen sich plötzlich panisch in den Feinripp machen. Einer der schlimmsten Film-Torsos überhaupt.

INTERVIEW

THE ORPHAN KILLER

CREATOR
MATT FARNSWORTH

War sein Erstling „Iowa" noch ein eher konventionelles Drogen/Ganster-Drama, so lieferte er mit seinem zweiten Werk „The Orphan Killer" einen Hardcore-Slasher ab, der seines Gleichen sucht. Matt Farnsworth war so freundlich uns in unserem Folterkeller zu besuchen, und Rede und Antwort zu stehen.

FILMAUSWEIDER: Hallo Matt, willkommen bei Filmausweider und vielen Dank, dass du unsere Fragen beantwortest.

MF: Es ist mir ein blutiges Vergnügen. Ich freu mich im Blutbad zu schwimmen.

FILMAUSWEIDER: Für den Anfang das Übliche. Wie bist du zum Film gekommen?

MF: Ich liebte schon immer Filme. Nach ein paar Jahren College nahm ich an einem Kurs in Drama teil. Ich zog nach Los Angeles, und das war´s. Ich wusste, was ich machen wollte.
Ich bin seit 15 Jahren im Film-Business. Ich erfreu mich an Gewalt im Film, Nacktheit, ich mag Situationen aus dem wahren Leben und gutes Schauspiel.
Ich bin nach LA ursprünglich gekommen um Schauspieler zu werden. Ich hatte Screen Tests für Star Wars und saß mit George Lucas zusammen auf der Skywalker Ranch. Traf mich

mit Al Pacino und Christopher Nolan für Rollen in Filmen. Ich habe eine Menge gemacht.
Gleichzeitig war ich Autor und Regisseur, begierig das Handwerk über die Schauspielerei zu lernen. Ich hatte über 2500 Termine in 5 Jahren bei den Studios.
Ich lernte sehr viel über das Geschäft und lebe immer noch in LA.

FILMAUSWEIDER: Es ist offensichtlich, dass in TOK sehr viel Liebe zum Detail steckt. Bist du ein Perfektionist unter dem die Crew zu leiden hatte? Oder ging es eher spaßig am Set zu?

MF: Es ist handgefertigter Mord. Ich schrieb alles, machte den Schnitt, einige Effekte und Einiges vom Sound. Ich filmte das Meiste und kreierte die Marketing Champagne. Ich hielt meine Vision möglichst pur.
Ich lernte den denn Schnitt bei der Zusammenarbeit bei meinem ersten Film den ich

schrieb, „IOWA". Robert machte den Schnitt beim originalen „Amityville Horror", „Lost Boys", „Lethal Weapon", „Ghost in Darkness" und andere großarige Filmen.

Wir arbeiteten eng zusammen, für viele Monate. Ich lernte wie man ein echter Film Editor wurde.

Ebenso arbeitet ich eng mit Pablo Ferro zusammen. Er machte all die orginalen Artworks, den Trailer-Schnitt und entwarf das Marketing für Kubriks „A Clockwork Orange".

Wir trafen uns und er verglich mich mit Kubrik bei vielen Gelegenheiten.

Ich glaube, wenn du dir einen Perfektionist vorstellst, dann denkst du an einen Regisseur wie Kubrik. Mit ihm verglichen zu werden, von Leuten mit denen er über Jahre direkt zusammengearbeitet hat, war etwas, das ich nicht ignorieren konnte. In diesem Zusammenhang, ich habe eine starke Liebe zum Detail.

An den Sets zu TOK wussten wir, dass wir was Magisches einfingen. Etwas Magisch-Blutiges. Einer der Jungs am Set wurde krank und war nicht mehr im Stande zu Mittag zu essen, nachdem wir einige Szenen gedreht haben. Die meisten der Drehtage, hatten wir eine spaßige Zeit.

Wir drehten eine Menge Bahind-the-Scenes- und Making-off-Material. Wir nutzten das Material für eine TOK-Dokumentation. Der Titel lautet „TOK: Behind the Murder". Sie erscheint nächstes Jahr. Du kann niemals wirklich dass visualisieren, was du letztendlich gern wirklich im Film hättest. Es ist fast, bis sicher unmöglich.

Es benötigt eine Menge Chemie und eine Mischung aus Zeit und Wissen, um einen erfolgreichen Film zu produzieren.

Es gibt so viele verschieden Variablen mit denen man sich am Set herumschlagen muss. An meinem Set findet du nur die besten Leute, die Business zu bieten hat. Geschulte und gemeine Leute, bereit zu töten.

Hollywood Studios stecken jeden Tag eine Menge in Filme mit großen Stars, ohne überhaupt zu wissen, ob diese irgend ein Schwein interessieren. „The Orphan Killer" hat bereits bewiesen, dass er die Leute anspricht.

Das ist eine Glanzleistung im Filmemachen. Dafür brauchst du einen guten Film und gutes Marketing, damit es funktioniert.

FILMAUSWEIDER: Es geht sehr brutal bei TOK zu. Sollte der Film von Anfang an ein möglichst blutrünstiger Slasher werden, oder hast du dir da noch was Anderes bei gedacht?

MF: Ich plante immer, dass es brutal werden sollte. Kein CGI. Alle umsetzbaren Effekte.

Ich mag, wie es aussieht, wenn echtes Blut fließt. „The Orphan Killer" ist ein Slasher, aber auch viel mehr.

Viele US Studios wollten den Film raus bringen. Aber ich war nicht mit ihren Angeboten zufrieden...bisher.

Der Killer hat keine Emotionen. Er besitzt keine Reue. Er spürt nichts.

Er kann sprechen, was ihn als den neuen Serienkiller, des 21 Jahrhunderts präsentiert.

Der Film hat es auf die Cover vom Shock Horror Magazin, Scream Magazin, Gore Nior, Girls and Corpses und wurde in vielen anderen Magazinen vorgestellt.

Der Film gewann den „Best Picture Award" beim Terror Molins De Rei in Spanien, wuder geehrt beim Sitges Film Festival, gewann den Antoni Margheriti Award beim Tohorror Italy, war in der offiziellen Auswahl beim Morbido Mexico, Bram Stokers UK, San Sebastin Horror und dem Sci-FI-Festival, Shriekfest L.A., Montreal Horrorfest/Comicon und BUTFF in den Niederlanden.

„The Orphan Killer" ist, zusammen mit einer vorzüglichen Auswahl anderer Kult-Filme, in deinem Land verboten worden.

Die Welt wollte einen neuen Schlitzer und sie hat ihn mit Marcus Miller dem Weisenkiller bekommen. Ich hatte nie eine genaue Vorstellung von dem Charakter, er wuchs mit mir.

Der Film wurde ursprünglich nicht mal „The Orphan Killer " genannt, bevor ich eine Tone davon wegseschnitten hatte..

Ich wollte ihn interessant machen und sichergehen das er empörend und angsterfüllt auf die meisten Menschen wirkt.

David Backhaus füllte die Lücke indem er den berüchtigten Killer genau richtig spielte.

Er aß rohes Fleisch zu Vorbereitung und schlief in der Maske. Er ist einer von dieser Sorte.

Er ist keiner dieser Stunt-Typen, die sonst in die Masken von Horror-Iconen schlüpfen, David ist ein Schauspieler..

Er ist sehr athletisch und könte ein Stuntman sein, aber er ist in erster Line ein Schauspieler Ein anderer Aspekt von TOK ist, was ihn auf den Level eines Robert Englund oder Doug Bradley erhebt, ist dass er spricht. David ist, als Darsteller, geschaffen dafür, der Orphan Killer zu sein. Er fand seinen kreativen Zugang zu der Figur. Er hat eine Stimme, geschaffen um eine Maskierte Ikone zu werden.

Diane Foster, welche TOK´s Schwester als Kind und Audrey Miller als Erwachsene, sind in ihren schauspielerischen Darstellungen so ähnlich, das der Film realistisch für den Zuschauer wird.

Diane sagte immer, dass sie sich als Person immer veränderte, wenn sie die Rolle spielte. Es war eine Persönlichkeits-Transformation gebannt auf Film.

Sie nutzte die Gelegenheit etwas besonderes aus dem Charakter zu machen. Nicht all diese Nuancen wurden so geschrieben. Das ist der Job einer Schauspielerin und sie meisterte ihn begnadet und mit Magie. Sie hat unerwartetes Talent. Leute haben gesagt, sie trug den Film, was unglaublich ist, da sie nur ein paar Zeilen Dialog hatte. Es ist pures, emotionales Schauspiel. Sie verkaufte sie auf wunderbare Weise. Es gibt keine Zweite, wie Diane.

FILMAUSWEIDER: Obwohl dein Film in Deutschland noch nicht mal veröffentlicht wur-

de, wurde er hierzulande bereits beschlagnahmt, was einem Verbot gleichkommt. Was hältst du davon?

MF: Es bürgt eine Menge Macht. Der Film und ich Selbst haben eine Menge Preise auf der ganzen Welt gewonnen. Ich danke den deutschen Fans, dass sie zu den bestens Fans gehören, die wir haben.

Ich danke ihnen für ihre blutige Aufmerksamkeit und ihre Unterstützung.

TOK wird weiterhin diskret nach Deutschland versendet, trotz verbot.

Ich werde nicht aufhören, den Fans das zu geben, was sie wollen.Ich machte diesen Film für Fans.Sie verdienen es ihn zu sehen.

Es ist ein unglaubliches Gefühl etwas geschaffen zu haben, das so mächtig ist, dass es die Behörden bemerken. Besonders einen unabhängig gemachten Film. Wir steckten Blut, Schweiß und Tränen in diesen Film und diese Art von Arbeit ist unbestreitbar.

Es war niemals geplant, den Film einfach weg zu geben und es war auch nie geplant, ihn in meiner eigenen Company zu veröffentlichen.

Das Töten, wie auch immer, war geplant.

Ich traf einige Jungs von den größeren Studios. Anchor Bay, wollte ihn raus bringen. Ich sagte Nein.

Lionsgate sah den Wert darin...ja, aber nur für sich selbst.

Viele Filmemacher denken, wenn sie einen Deal mit einem Studio haben, dann haben sie es geschafft. Die Wahrheit ist, dass sie meistens einfach gefickt werden.

Kaum hat einer einen Film gemacht, schon geben die Studios ihn auch an den ersten Distributor weg, der ein Angebot abliefert.

Wenn du im Voraus kein Geld bekommen hast, wirst du auch später kein Geld sehen. Frag nur George Romero.

Ich kann dir das über meinen ersten Film „IOWA" erzählen. Das Studio, dass ihn raus brachte behauptet nach fünf Jahren, dass der Film immer noch in den roten Zahlen steckt, dank kreativer Buchführung. Das ist, was die machen. Erfolgreich.

„The Orphan Killer" wurde berühmt und er gehört mir. Ich treffe alle Entscheidungen über die Vermarktung persönlich. Es zog.

Ich habe viel Leidenschaft dafür.

Gebe es nicht Social Media und das Internet, wäre die Nachricht über den Film nie herumgekommen und niemand würde TOK den legendären Slasher dieses Jahrhunderst nennen. Fans die TOK gekauft haben, lieben ihn. Es ist ein Klassiker für sie.

Ich mag das Gefühl des Erstaunens das damit einhergeht, und ich weiß wirklich das Vertrauen der Fans zu schätzen, die den Film kaufen. Ich konnte ihn sehr einfach ausverkaufen. Ich bin offen für Deals unterhalb der Linie, aber es muss der richtige Deal sein.

Wir sind in einer neuen Welt des Vertriebs und es sind die Fans, die einen Film zu etwas machen, das jeder gesehen haben muss.

Der erstaunlichste Teil des Prozesses war das Eintauchen in das Bewusstsein der Horrorgemeinde.

Leute die im Bereich Horror arbeiten und Fans des Horrors sind wirklich die möglichst besten Leute die es gibt. Ich habe auch das Gefühl, dass sie viel mehr hinterfragen und viel selektiver sind, als Mainstream-Fans.

Die Tatsache, dass TOK so ein Hit in der Gemeinde geworden ist, ist eine unglaubliche Belohnung.

„The Orphan Killer" auf dem Cover hat Magazine ausverkauft, welche nicht mal Rob Zombie geschafft hat zu verkaufen. Er ist hier um zu beleiben.

FILMAUSWEIDER: Was können die Fans in Zukunft von die erwarten? Möglicherweise einen TOK2?

MF: Auf jeden Fall. Ich habe bereits die angesprochene Dokumentation „TOK: Behind the Murder". Auch habe ich inzwischen das Sequel „TOK: Bound by Blood". Es ist nicht weniger Gewalttätig.

Audrey ist erwachsen geworden und bereit ihrem Bruder beim Morden zu unterstützen.

Die offizielle Maske kommt gerade in die entsprechenden Läden überall in den USA. Dieser Film macht gerade eine Evolution durch.

Er ist bereits eine erprobte Ikone, bevor die Massen ihn überhaupt gesehen haben.

Er wird noch viele Sequel nach sich ziehen und ich schulde es den Fans, ihnen diese erschreckende Vision zu liefern.

FILMAUSWEIDER: Zuletzt noch unsere Filmgeschmacks-Frage:

Dein Lieblings 70er-Horror-, 80er-Action- und 90er-Softsexfilm?

MF: „The Shining", „Der weiße Hai", „Uhrwerk Orange", „The Running Man", „Rambo". Und 90er-Softsexfilm? Blah!...

FILMAUSWEIDER: Irgend welche letzten Worte?

MF: Er ist ein Botschafter des Schmerzes und es gibt keinen Halt für den blutig-brutalen Weisenkiller.

Überall in Europa ist TOK weitläufig angekommen als der Serienkiller des 21. Jahrhunderts TOK war auf all den Covern der Major Nachrichtenblätter in Spanien

Er ist zu enormen Höhen in Europa aufgestiegen und wird es weiterhin tun.

In America haben die Slasher-Fans TOK mit offenen Armen empfangen.

Wir sind sehr erfreut und bekommen einer Menge so wudnervoller Zitate wie dieser „Matt Farnsworth wundervolle Opus – hast du das gehört? Hier erstickt das Slasher-Genre iam eigenen Blut, weil „The Orphan Killer" es einfach durchfickt."

Horrofans in deinem Land verdienen es ihn zu sehen.

FILMAUSWEIDER: Danke für das Interview.

Filmausweider wünscht die viel Glück für die Zukunft.

MF: Das Beste und brutalste Glück für Filmausweider. Übelsten Dank.

Kommt und hollt euch die region-free DVD und Blu Ray.im ORPHAN KILLER STORE; liket die TOK FAN PAGE auf Facebook.

Danke das ihr euch die Zeit genommen habt, so großartige Fragen zu stellen. Und habt einen blutigen Tag.

Wenn ihr mir eine Nachricht schicken wollt, oder andere deutsche Magazine oder Blog Interviewanfragen stellen wollen, dann kontaktiert mich über meine MATT FARNSWORTH FAN PAGE

INTERVIEW:
ALEX LOTZ

Jeder fängt mal klein an. So auch Alex Lotz, dessen spaßiger Amateur-Zombie-Trash „Generation Mutation" neuerdings auch Youtube unsicher macht. Wir hatten da mal ein paar Fragen.

FILMAUSWEIDER: Hallo Alex, es freut mich, dich in unsrem kleinen Schundblatt begrüßen zu dürfen.

AL: Hi. Coole Sache, es gibt ja nur wenige Printmedien, die sich mit den "blutigen Filmen" beschäftigen.

FILMAUSWEIDER: Zunächst einmal, wie ist es zu SANDERMANIA und „Generation Mutation" gekommen? Und wieso ein Kurzfilm, und nicht ein vollwertiger Spielfilm?

AL: SanderMania war eigentlich nur die logische Konsequenz, auf der Suche einen Weg zu finden, um meine Arbeit zu zeigen.
Da mein Spitzname "Sander" (wird englisch ausgesprochen) ist, war der Name schnell gefunden.
Die Website gibt es jetzt seit Oktober 2010 und ist sozusagen mein eigenes "digitales Museum". Man findet dort Videos, die ich in den 90ern
gemacht habe, meine ganzen musikalischen Projekte aber halt auch den ganzen aktuellen Kram den ich mache.

"Generation Mutation" war ja auch nur das Ergebnis, von der Vorstellung, mal einen eigenen Zombie-Film zu machen.
Das ist auch mein erster Kurzfilm in diesem Genre und da wäre ein Film mit 80 oder 90 Minuten Länge, etwas zu hoch gegriffen gewesen.
Mal davon abgesehn, dass das Drehbuch, was auch mein Erstes war, nicht mehr hergegeben hat.

FILMAUSWEIDER: War der Dreh anstrengend? Was waren die größten Herausforderungen?

AL: Ja schon! Es hat zwar sehr viel Spaß gemacht, aber der Stress war natürlich auch an allen 3 Drehtagen immer da.
Eine der größten Herausforderungen war die Koordination. Es war alles richtig chaotisch. Ich hatte zwar einen Ablaufplan gemacht, aber der ist dann irgendwie verschwunden. Und niemand hatte mehr einen Plan, welche Szene als nächstes kommt oder was alles beachtet werden muss.
Ich hab bei dem Film ja Regie geführt, eine der Hauptrollen gespielt und teilweise Kamera gemacht. Da konnte ich mich dann auch nicht noch um solche
Sachen kümmern. Da wäre ein Assistent wirklich nützlich gewesen, der alles ein bisschen im Überblick behält.
Aber auch der Zeitdruck war eine Herausforderung. Locations, wie zum Beispiel, der Supermarkt, mussten so schnell wie möglich über die Bühne gebracht werden.

FILMAUSWEIDER: Es sind teilweise solide Effekte im Film vorhanden. Welcher war der aufwändigste?

AL: Die Effekte an sich, waren nicht so das Problem. Klar, wir hätten sie noch etwas bes-

ser in Szene setzen können, aber wir hatten schon genug Probleme,
wie den Zeitdruck. Kurz zuvor, kamen die echten Cops im Wald vorbei, die ein Jogger gerufen hatte. Aber wir konnten das mit denen klären, aber mussten uns
beeilen und konnten nicht mehr so detailliert und in Ruhe vorgehen wie geplant. Deshalb mussten wir auch die Szene nachdrehen, wo dem Zombie der Ast
vom Baum, ins Auge gestochen wurde.

FILMAUSWEIDER: Wie hast du all die Leute mobilisiert? Was hat das ganze Projekt gekostet?

AL: Die Kosten lagen bei 500 Euro. Was aber größtenteils für Make-Up und Masken draufging. Die Leute ranzubekommen war weniger das Problem. Das waren alles Freunde und die haben eigentlich alle gleich zugesagt, als es hieß; dass wir einen Zombie-Film machen wollen.
Die Anna, die den Score für "Generation Mutation" gemacht hat, war extra aus Berlin angereist, um mitzuspielen und auch mein Kameramann, hat eine
2 Stunden Zugfahrt auf sich genommen, um mich zu unterstützen. Der Nachrichten-Sprecher kommt z.B. aus Österreich und hat seinen Part, bei sich gedreht
und mir das Material dann geschickt. Er ist auch der Sänger von "Iron Snag Joe", die man mit "Die Nacht der lebenden Toten" am Anfang des Films hört.

FILMAUSWEIDER: Was nimmst du für die Zukunft in Angriff?

AL: Vielleicht auch mal einen Film in Spielfilm-Länge zu machen, um auch in der Szene etwas bekannter zu werden. Aber dazu fehlen Sachen wie Geld,
besseres Equipment, mehr Leute und eine Idee von der alle Beteiligten zu 100% überzeugt sind. Ich würde gerne mal mit einer Kamera von Panavison drehen,
um die geile Bildqualität der 80er-Jahre-Filme zu haben. HD ist nicht so meins.

FILMAUSWEIDER: Und zum Abschluss noch unsere Filmgeschmacks-Frage: Lieblings 70er-Actionfilm? Lieblings 80er-Horror? Und dein liebster 90er-Softsexstreifen?

AL: 70er Actionfilm? Die Bruce Lee Streifen wie "Enter The Dragon". Obwohl das ja auch keine reinen Actionfilme sind...
80er Horror ist meine Liebling-Dekade, aber da gibt's zuviel und ich kann mich nicht entscheiden. Aber Favorites sind "Day Of The Dead", die ersten 5 "Nightmare On Elmstreet" Teile, "Return Of The Living Dead II", "Night Of The Demons" oder "Fright Night".
Was 90er Softsexstreifen betrifft: Ich weiss nur noch, dass ich Anfang der Neunziger, als ich 12 oder 13 Jahre alt war, immer die "Schulmädchen-Report" oder "Emmanuelle" Reihe im Free TV gesehen hab, aber die waren ja schon aus den 70ern/80ern und man hat nur Büsche gesehen. Was in den 90ern in diesem Bereich produziert wurde, hab ich nicht so verfolgt.

FILMAUSWEIDER: Vielen Dank für das Interview. Filmausweider wünscht dir alles gute für die Zukunft.

AL: Ich habe zu danken...und hoffe dein Zine wird sich auf dem Markt durchsetzen

Impressum:
Redaktionelle Leitung: Adrian Majewski. **Redaktion:** Andreas Port, Adrian Majewski. **Herstellung und Verlag**: Books on Demand, Norderstedt
ISBN: 978-3-8482-1849-3 **Kontakt:** fornits-fornus@gmx.de